為什麼
男人想狩獵
女人愛挑選

突破戀愛盲腸的科學指南，
讓神經科學 × 生物演化幫你幸福脫單 ♡

艾蜜莉亞‧沃里薩爾米
Emilia Vuorisalmi
著

張家綺 譯

suncolor
三采文化

目次
CONTENTS

CHAPTER **3**

男人與女人

CHAPTER **4**

我們如何墜入愛河?

CHAPTER **7**
步入穩定關係，以及迎接挑戰

讓我們運用科學，尋找愛情的解答

心心相遇

我永遠忘不了自己第一次摸到人類心臟的觸感：冷冰冰又軟趴趴，顏色比我想像的深紅。我把心臟放在閃閃發亮的冰冷金屬桌面，開始以銳利的剪刀一一切開血管，尋覓血栓，接著檢查心房組織，尋找是否可能有缺氧造成的損傷跡象。這顆心臟的主人是一個八十三歲的老先生，死因不明。

當年我剛接下芬蘭赫爾辛基大學病理學系的病理學暑期職缺，興奮到渾身緊繃，緊張到腸胃打結。經過四年奠定根基的醫學院求學生涯，我總算首次成為醫師。

我一直以來都夢想成為外科醫師，在急診室輪班、救治生命讓我著迷不已。那年夏天之所以選擇病理學的

工作，是因為我想要從裡到外認識人體解剖構造。那時，我發現每顆心臟都是獨一無二的。我檢查過的心臟重量大致落在 196 至 476 克，有些心臟狀態良好，彈性飽滿且完美對稱，有些心臟的心室壁則因為慢性心臟衰竭而失去彈性。

許多心臟都顯示主人曾熬過小規模心臟停頓的跡象，佇立在冰冷解剖室、雙手捧著某人心臟的我不禁納悶：這顆心臟曾經有過什麼樣的故事？

令我意想不到的是，嗜酒如命的酒鬼的心臟血管居然和年輕健康的心臟差不了多少。反過來說，生活習慣非常健康的老太太的血管卻飽受動脈硬化摧殘，這怎麼可能？

原來不是光有健康飲食，身體就會健康，心碎和情緒衰竭也會對人體造成壓力，經年累月就會影響一個人的健康。酒鬼的心臟和本該健康卻動脈硬化的老太太心臟顯示，一顆心臟的健康與否可能潛藏著無人留意的因素，譬如可能導致人生後期心臟病發作的心碎。

十年後的我沒有成為外科醫生，儘管我的職業生涯

規劃已經不同，但是人類的心臟依舊讓我好奇非常。後來我出國幾年、成為媽媽，如今女兒已經九歲。在這一路上，我的心也受過傷，然而回到芬蘭後的我充滿全新的使命感，那就是運用愛情的科學尋找我迫切想知道，那些關於愛情的解答。

愛情科學涉及的研究和理論可以解釋愛情及墜入情網的人體機制，也可以回答以下的問題：

人是怎麼墜入愛河的？
心碎時，心臟是否真的會受傷？
愛情逝去後，戒斷症狀多久才會消失？
分手後有簡單的療傷方法嗎？
該如何尋覓共度一生的完美伴侶？

研究愛情科學時，我運用的主要是演化生物學、神經科學與文化人類學。當我深深沉浸在愛情的科學世界時，答案便一一浮現。我很快就發現，科學可以用來解釋最喜愛的電影角色行為，以及女性友人選擇的約會對象；同時，我也觀察到在單身時比較容易注意到街上擦

肩而過的馬路工人或郵差更性感，而這背後也是有科學佐證。由於沒有需要全神貫注關切的另一半，單身的人較容易留意周遭異性，於是你的生理雷達會自動打開，發現潛在的繁殖對象。

身為一名醫師，我逐漸發現情緒感受就是許多病患身體出現症狀的主因。病人向我訴說症狀時，我會建議他們以感恩的心態去了解傷痛。傷痛正是一種關鍵跡象，代表極需我們正視的問題。與其當下立即開藥幫助病人緩解症狀，我反而是想辦法揪出他們的症狀根源，以及疼痛相關的情緒，藉此治療疼痛與創傷。

我發現，當你正視並治療創傷根源，疼痛就會漸漸消失。對我而言，愛情科學也是一種工具，讓我探索大腦和心臟是如何協同合作。

愛情難尋、難留、難忘

和我交談的人之中，不少人都認為愛情是一種神祕費解又略微令人生畏的力量，但只要我告訴他們，科學可以解釋他們的感受和行為，他們全都迫不及待想了解

更多。

這就是《為什麼男人想狩獵，女人愛挑選？》的意義所在。本書會帶你檢視愛情科學的美妙世界，為你在人生不同階段碰到的重大問題提供解答。

偶爾也有人問我，以科學解釋愛情是否會剝奪了愛的神奇與神祕特質？但是我從研究獲得的發現正好相反——即便你認識人體機制，理解我們是怎麼墜入愛河、為何會有緊接而來的感受，你仍然無法控制熱戀當下的行為表現，因此愛情與知識始終是兩碼子事。一旦了解愛情荷爾蒙如何影響你的思維，即便談戀愛，興奮狂喜也不會消逝；即便你清楚和伴侶分離會影響自己的腦化學變化，仍會感受到被另一半拋棄的焦慮、傷痛、恐懼。

然而愛情科學可以幫助我們發現自己的弱點，更快從心痛之中站起來，並且理解戀愛時另一半的各種行為。科學證實了微笑的強大效應，也證明開懷大笑確實能讓人長壽。也許最重要的是愛情科學能幫助我們理解，經歷人生的起起落落，尤其是面對戀愛挑戰和全新

的強烈體驗時，不是只有自己才感受到這些情緒。

我從個人和病患的經驗得知，處在分手和感情危機的當下，要靜下心專注讀一本書有多困難，更別說是看電視。我之所以盡可能用淺顯易懂的方式創作這本書，就是希望能協助在愛情中吃足苦頭的人，因為一本寫得好的書可為深陷困境的人伸出援手，也能提供解決方法和看待問題的全新視角。

所以請以開放心胸閱讀《為什麼男人想狩獵，女人愛挑選？》，這本書是否可能解釋你對於愛情的某些觀點？書中的嶄新觀點是否對你和你的感情有任何意義？你是否能在自己的生活中測試這些概念真的沒錯，可套用在自己身上？

美好愛情

形形色色的愛以不同方式觸動我們的心靈，浪漫愛情恐怕是最廣泛討論的一種，並且激發歷史上諸多詩人和音樂創作描繪這種熱情、狂喜、渴望、心痛的經驗。男女之間的愛情往往在最意想不到的時候降臨，也幾乎

無法預料愛情的濃烈和持久程度。

　　這本書聚焦的就是男女之間的愛情，探討的重點包括：以科學角度觀看男女感情會是什麼模樣？為何愛情有時教人愛得那麼苦？

　　墜入愛河不只是一種稍縱即逝的感受，更是一種強烈的直覺。幾百萬年前的人類祖先早有體驗，當我們愛上一個人，會下意識地全神貫注、全心全意對待他，並陪伴在他身旁，甚至為了贏得對方的愛，設法克服最艱難的挑戰。

　　你曾經愛過人嗎？你還記得剛墜入愛河的感受嗎？是否想得起當初要自己思緒別再飄向喜歡的人是一件多麼困難的事？瞬間感覺全身精神百倍、不知飢餓為何物？這些改變都來自大腦的化學反應，所以說，沒有化學就不可能有愛情、熱情或感情，非得剛好這幾百萬顆微小分子達到完美平衡，愛情的魔法才得以施展。

　　陷入愛河時，我們的大腦不可能屢屢達到相同平衡，正如史考特・費茲傑羅（F. Scott Fitzgerald）所說：「世上的愛情不勝枚舉，卻沒有兩種愛情如出一

轍。」

　　你可能開始理解，墜入愛河其實是一種相當複雜的過程，兩人的外型是否匹配、時機點、人生經驗、夢想、希望與恐懼等其他周遭要素都會激發戀愛反應。現在再回過頭來看，十年前曾經愛過的那個人，恐怕如今已無法在你心底激起同樣火花，你大概再清楚不過。一開始墜入愛河有可能只是單純被對方的外表吸引，我們會接受動物大腦的指引，尋覓和自己基因相配的人交往。動物大腦想要我們繁殖後代，將兩人的基因繁衍下去；然而愛情也可能是循序漸進，隨著時間推移，我們慢慢地愛上某個最初沒有強烈外表吸引力的人。墜入愛河可能會發展成真愛，卻也有可能挺不過迷戀，最後無疾而終。

　　當你遇見某個激起自己興趣的對象，古老的大腦部位就會開始分析你們兩人的生物相配性，已經發展進化的大腦皮質則會開始衡量局勢的優劣。這兩部機械經過協同合作，最後才會決定是否要啟動墜入愛河的荷爾蒙連鎖反應。

存在於我們大腦皮質內的愛情地圖，功能類似一張逐漸描繪成形的藍圖。愛情地圖就像是大腦用來儲存過往戀愛及人生經驗的資料庫，決定我們是否愛上某個人。大腦則會隨著全新環境和經驗調整自我，隨著每次戀愛微調這張愛情地圖，因此我們幾乎無法預測自己可能愛上誰。

　　陷入愛河是個錯綜複雜的現象，也正因如此，愛情才有趣。愛是為生命佐味的鹽與糖，一種最濃郁強烈的力量，也是讓人糊塗一時的美妙因素。

Chapter 1

愛的解剖學

. . . .

文化人類學家相信，
人類祖先一生中大約會經歷兩至三段感情。

Anatomy of Love

我坐在懸崖邊凝望著海浪拍打岸邊，海風吹拂我的頭髮。這是我過去六個夏天必來的地方，伴侶的家人會在這間懸崖邊的夏日小木屋一起做三溫暖、游泳、開懷大笑、相親相愛。我們每年夏天都在這裡享用剛收成的馬鈴薯和永晝陽光，時間在此靜止不動，我身邊伴著一個如同親生家人般的美滿家庭。

　　我遙望遠方，內心不禁好奇大海為何那麼令我著迷，也許是它的浩瀚無邊，也許是它環繞包圍著整個地球。在那個當下，我渴望海洋帶我前往某個遙遠國度，一股空虛開始在我內心扎根蔓延。我知道這是我可以沉浸如此醉人美景的最後一個夏天，是離開完美人生的時候了。我知道自己該回到真實人生，重新開始。

———————

　　雖然我沒接受過基因檢測，但我已經知道自己是個深受多巴胺驅使的人。我的大腦熱愛挑戰和刺激，我總是有股突破藩籬、體會新事物的慾望。朋友不懂我怎能那麼輕易放棄所有，在那年夏天重新來過；現在，我明

白那肯定是多巴胺作祟。

那是我首次經歷一段又一段的感情後，重新恢復單身的時期。當時，我發現自己經歷最久的感情都在六年後告終，我身邊也有不少人走過類似的週期循環，每段感情似乎都在差不多的時間點出現危機。背後原因是什麼？難道我們是全新的不安世代？後來的我詫異發現，成千上萬年來的人類祖先其實早就有過類似的蠢動不安，他們也連續經歷過幾段感情。

文化人類學家相信，人類祖先一生中大約會經歷兩至三段感情。而這是一個發生在五萬年前，關於愛情生命週期的故事——

你的一個遠古男性祖先發現你的女性祖先正在森林撿拾樹枝，他停下腳步觀察這位美女的一舉一動。這時，她赫然發現有人正在打量自己，於是轉過身與他四目相接。她對他投以微笑，而這個微笑正好給了男性祖先上前搭話的勇氣。

他用兩人的母語向她打招呼，緊張的她一時沒抱好樹枝，整把全掉在地上。男性祖先彎下腰幫她撿拾樹枝

時不小心碰到她，而這個觸碰讓女性祖先身體為之一顫，感受到一股不可思議的吸引力，拉近了距離。兩人在起身時深深望入對方的雙眼，同時感受到彼此之間流竄的電流。男性祖先輕輕撫摸她的頸部，然後親吻她的嘴唇，兩人感覺到一股炙熱流經全身。這時，男性祖先的族人打斷了兩人的熱吻，但是火花已經點燃，現在已無法回頭。

幾天後，他找到她的村莊，兩人第一次做愛。事後彼此都希望更進一步，沒多久他們就無時無刻不膩在一起，她則是在搬進他的村莊的兩個月後懷孕。

第一階段的熱戀期長達一至兩年，足以讓兩人挺過懷孕時期的種種挑戰和疲累，嬰兒的誕生亦觸發了全新的生物化學變化。這對伴侶繼續交往，在對於人類存活最關鍵的前幾年共同孕育撫養孩子。

由於營養不足加上長時間養育小孩，女性祖先沒有急著再懷孕。就在熱戀期逐漸退燒之後，她開始對另一半更加苛刻；等到孩子四歲了，伴侶長時間在外狩獵也讓她心神不寧。這時，她開始對男性祖先的族人感興

趣，你的男性祖先也鎖定了另一個部落的女性。

在某個排卵期的夜晚，你的女性祖先再也按捺不住自己的感情，和新伴侶做愛。彼此之間的吸引力無比濃烈，再度迅速啟動墜入愛河的連鎖反應，就這樣展開了一段新戀情。

雖然自遠古以來，人類的生存環境經過劇烈變革，我們也學習依據行為準則生活，但是以生物學的角度而言，人類的情感反應其實還是和遠古祖先相差不遠。

無論我們多麼努力地解釋個人感受，許多感情問題之所以發生，其實都是因為我們不知道生理會強大到足以左右自己的行為。**當我們認清自己的原始本質，就能更輕易理解自我的感受。**

儘管生理在許多方面仍會左右我們的行為，但現代人已不是活在祖先的遠古世界，因此偶爾花點時間回想自己希望在人生達成哪些目標、什麼樣的感情關係可以帶來滿足，也不失為聰明的做法。

在你做出愛情決定的當下，生理的力量很可能闖進

你的世界，讓你的腦袋混沌不清。因此在衝動做出任何決定之前，不妨認真思考自己是否真的想更換伴侶，以便有效繁衍下一代，還是應該專心孕育眼前這段感情？想一想，你究竟想和誰一起變老？

♡ 愛情的三大階段

廣泛研究愛情的人類學家海倫‧費雪（Helen Fisher）將愛情分成三個主要階段：性慾、浪漫吸引力、依附。腦部掃描顯示出這幾個階段會分別啟動大腦的不同部位，然而各個部位環環相扣，可能同時或是個別啟動。

性慾讓我們和不同人形成性方面的聯繫，浪漫吸引力讓戀愛中的人專注於某個伴侶身上，依附則是讓伴侶在一起，好讓兩人的孩子有更高的存活機率。

慾火焚燒

「只要慾望在，我們就不安全。」──詩人托尼‧霍格蘭（Tony Hoagland）

性慾或慾望是什麼模樣？我們為何常聽見「動物般的情慾」這種詞？我們究竟欲求什麼？

性慾是最原始的人類直覺之一，指引我們和不同伴侶結伴。性慾望是與生俱來、無法預測的，慾望核心就坐落在我們人類爬蟲類腦的下視丘，慾望感受則主要是由性荷爾蒙睪固酮和雌激素調節。雖然主宰這兩種荷爾蒙濃度的通常是遺傳基因，但是生長背景、環境、生活方式與個人經驗都可能影響我們所感受的慾望。濃烈慾望可能在轉瞬之間浮現消退，也可能同時對多人產生慾望。光是盯著一張圖片就可能激起我們的慾望感受，這種感受也可能發展成對某人的痴狂。

研究指出，若一個人的游離睪固酮濃度高，那麼他的性慾望可能會比一般人旺盛。性荷爾蒙會隨著每天、每週、人生不同階段而有所變化，正值排卵期的女性慾

望會上升，這段期間，她們的睪固酮濃度達到巔峰，受孕機率最高。根據研究，要是男性的睪固酮高，他們就更常想到性、自慰與做愛。

慾望和愛情會啟動不同的腦部區域，因此可以單獨或是協同作用。由於戀愛時分泌的多巴胺會增加睪固酮的釋放，人的性衝動會在戀愛時達到巔峰。我們通常會對情人產生慾念，但在這個階段，也仍然可能暫時地對第三者浮現性慾。

浪漫吸引力

一般而言，爬蟲類腦的尾核會啟動熱戀期產生的吸引力，而尾核讓我們察覺及辨識獎賞，也偏好特定獎賞。這個大腦區域會讓人對某樣事物產生渴望，也讓人充滿滿足渴望的動力，並在規劃必要行動時引導他們全神貫注地實現願望。

當我們掃描戀愛中的人的大腦，掃描顯示受測對象的愛意越是濃烈熾熱，他們的尾核啟動反應就越明顯。

要是掃描與情人深深相愛的受測者腦部，他們的尾核反應也更明顯，意味著對於戀愛的人來說，最大獎賞就是付出的愛情有所回報。

　　掃描戀愛中的人的大腦時，另一個活動特別熱烈的區域就是腹側蓋膜區（簡稱 VTA），這個腦部區塊主要負責製造多巴胺，在腦部的酬賞系統扮演核心角色。這個區塊會將多巴胺釋放至不同腦部部位，讓人能對鍾情對象保持警覺和關注，可能引起亢奮、狂喜甚至癲狂的感受。

　　一旦這個腦部區域啟動，我們就可能改變衣著打扮、寫起長篇情書、放棄非常重要的工作案，或是為愛走天涯。多巴胺也會在我們和愛人分開時啟動寂寞思念的感受，抑或在遭拒時感到絕望甚至憤怒。

　　在迷戀階段，除了尾核和 VTA，掌管愉悅感受的隔膜區域也會啟動──這正是我們吃巧克力時啟動的區塊。研究顯示世界的可可亞數量逐漸減少，所以這個世界顯然需要更多的愛！

　　除了多巴胺，墜入愛河時腦部的正腎上腺素也會激

增，進而讓我們更警覺、更專注於建立關係。

墜入愛河的方式各不相同，但往往都是先從對某人感興趣開始。認識對方之後，性慾望就會開始沸騰，性與親密關係會釋放可能讓迷戀期快速轉化成愛情的傳導物質。然而另一方面，你也可能愛上一個從未親吻過的好友，或是在網路愛上某個人。有時，純粹的性慾可能發展成性關係，過了一陣子便觸發愛情感受。

雖然有所回報的愛情往往最美好，但是戀愛卻不一定需要回報。在一段感情中，雙方內心期望的進展步調也許不同。研究指出，男性在感情中陷入熱戀的速度普遍較女性快，也比女性早表白。

依附

在依附階段，愛火已經燃燒到盡頭，變成令人感覺溫暖和安全的灰燼，不會再有第一階段熱戀期分離時的濃烈痛楚。

要是對依附階段的腦部進行影像掃描，我們就會發

現中縫核和腹側蒼白球相當活躍。即使是相處二十年的伴侶腦部也可能出現 VTA 活動，而這種活動很類似熱戀階段看得見的腦部活動。

到了這個時期，我們在迷戀階段察覺到腦部釋放的荷爾蒙高峰已經漸漸趨緩，壓力指數跟著減低，下視丘製造的催產素和升壓素會在伴侶之間發展出愛情、信賴與陪伴的溫暖感受，而中縫核分泌的血清素則會增加寧靜安定的感受。

形成這種羈絆有助於伴侶繼續在一起，用以打造出適合孩子成長的安全環境。我有個朋友曾經如此形容：依附階段就像是一種人體內部的 SPA。我覺得這個比喻很貼切，因為感情關係中製造的荷爾蒙和我們預訂 SPA 假期時一模一樣。

某些研究顯示，依附的羈絆大約需要兩年才會成形。建立信任和親密的感受需要時間，你得先熬過迷戀階段的動盪起伏，才可能進入依附階段。要是孩子在感情剛萌芽的階段誕生，兩個階段的轉換便可望加快。

雖然陷入愛河無關意志力，相愛卻需要意志力。相

腦部的「愛情核心」

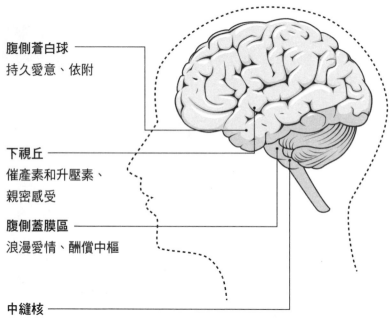

腹側蒼白球
持久愛意、依附

下視丘
催產素和升壓素、
親密感受

腹側蓋膜區
浪漫愛情、酬償中樞

中縫核
持久愛意、安定平穩的感受

較於迷戀階段，到了依附階段時期，性愛次數通常會減少。在這個階段，你可能會短暫地對別人產生慾望，甚至愛上其他人。雖然你和伴侶之間的情感羈絆強烈，還是可能躲不過誘惑，必須不斷抉擇是否打算延續這段感情。

♡ 戀愛中的大腦

那年夏天的記憶猶新，就連微不足道的細枝末節都記得一清二楚。太陽底下，閃爍發光的大海從來不曾這麼耀眼美麗，懸崖給人一股溫暖感受，樹木也比以往蒼綠。當時的我已為了一項大型的全新工作計畫扎下數年根基，可是這下卻變得不再重要。更深層的人生意義浮現，劇烈改變了我的生活重心。我的心思轉移，並開始珍視各種微小片刻，即便是拆開產品外包裝、把東西收進冰箱這種日常小動作，都多了一種全新魔力。

和他相遇後，我重拾自己熱愛的活動，前往森林採藍莓、製作派餅、採花、收集卵石。早上，我們會一起整理

床鋪，晚餐後則像是時間凝止般地凝望彼此雙眼。我深深陷入愛河。

───────────────

　　重新回想一下你和初戀相遇不久的時光，回憶自己等待對方赴約時的感受。請問你的身體有什麼感覺？是否感到小鹿亂撞？內心焦躁緊張？對方總算抵達時，你是否臉紅心跳、瞳孔放大？

　　腦部當下釋放的傳導物質會提高血液中的荷爾蒙指數，興奮觸電的感受就是這麼來的。這些荷爾蒙會讓我們對感興趣的對象警覺專注，以便和對方培養更深刻的關係。和頻率對的人約會總是時光飛逝，但要是頻率不對，約會興致瞬間下降，而你也可能發現自己不斷瞥向手錶或時鐘，暗自計畫逃離路線。

　　當你開始覺得自己深陷愛情，哪些方面的行為可能出現改變？所愛的對象會開始洗耳恭聽你所有的想法和感受嗎？你無時不刻都想和對方膩在一起嗎？要是兩人

不在一起，你會想念對方嗎？你會和對方熱線好幾個鐘頭嗎？

愛上某個人後，腦中的多巴胺濃度就會上升，你則開始全神貫注留意情人，這讓你對工作計畫案意興闌珊，也可能和朋友完全失聯。多巴胺會讓你充滿熱情，朝目標前進；而在戀愛世界裡，意思就是**征服你中意的對象**。

你可能會在這段期間改變日常慣例和習慣，或許半夜睡不著覺，盯著在你身旁呼呼大睡的情人，白天可能會因為失眠而精神不濟、疲憊不堪。由於注意力完全放在一個你覺得比吃飯更重要的人身上，食慾會跟著降低。和情人相處時，腦部的酬償中樞釋放出更多的多巴胺，意思是你輕而易舉就為對方上癮。在愛情的迷戀期，我們的行為舉止其實和藥物上癮差不了多少。

或許你還記得剛陷入愛河時偶爾浮現的焦慮感受，也許心想：「要是他不愛我呢？」或是「我真的配得上這個人嗎？」

戀愛初期常常出現腦部血清素濃度降低的現象，進

而導致這種患得患失的焦慮感受。由於平衡心情的荷爾蒙指數驟降，有時可能會造成焦慮不安，甚至出現強迫症行為，看到心儀對象在社群網站的貼文，你可能會逕自胡思亂想妄下結論、妒火中燒。研究顯示，戀愛中的人行為舉止很可能類似強迫症，甚至嚴重到將墜入愛河比喻成一種短暫的心理疾病。

在愛情的第一階段，壓力荷爾蒙指數平均上升四成，這時人體處於警戒狀態，為了達成目標不惜全力以赴。幸好熱戀階段只是暫時的，我們的荷爾蒙指數最後會恢復正常，情緒波動也會平緩。

當杏仁核的活動逐漸趨緩，人就會進入無所畏懼的狀態，可以為了一段感情做出重大犧牲。這個腦部區域對於學習也是很重要的角色，墜入愛河的人不一定會從過往的經驗學到教訓，反而可能在全新的感情中繼續犯錯，很類似母親忘了孩子剛出生時的辛苦，準備好再次懷孕生子。

戀愛中的人腦部很類似剛產下孩子的母親的大腦，陷入熱戀的狂喜感受和產後出現的母性直覺非常相近。

全新的伴侶或許就像母親眼中的新生兒一樣完美，正如父母強烈希望給予孩子最好的營養，戀愛中的人也想照顧伴侶，伴侶過得好不好變得比什麼都重要。

當男人愛上一個人，他們的睪固酮濃度會降低四成，他的心可能因此變得柔軟，曾經荒唐風流一夜情的大男人，可能會為了和女友安安靜靜看一場電影，不再去喧囂酒吧廝混，也不和兄弟觀看體育賽事。女性則是相反，她們的睪固酮濃度會雙倍增長，意外地讓女性變得更溫馴體貼。睪固酮也會增強女性的性慾，所以愛侶多半時間都想要滾床單。

諸如此類的荷爾蒙變化會讓沐浴愛河的情侶感到完美契合，覺得彼此心心相印，互相理解的默契就是這個階段的特色，兩人相處起來輕鬆愉快，直到讓人感覺飄飄然的荷爾蒙慢慢降低，伴侶的其他面貌才會漸漸顯露，兩性之間的差異也會在這時變得更明顯。

盲目的愛

我和一個老友共進午餐，正值不惑之年的他是兩個

孩子的爸，也是事業成功的業務經理。他和孩子的媽已經離異三年，離婚後瘋狂愛上一個年輕的黑人美女。這位美女在他公寓附近的酒吧工作，兩人交往半年後，對方和他提分手，並與前男友復合。我朋友心碎一地，對我說他還深愛著她，盼望她會發現自己鑄下大錯，並能回到他身邊。

他表面維持只是朋友的假象，和她保持密切聯絡，生活中各種小事都會幫她，也時時刻刻想著她。我正好也認識這個女生，知道她對現階段的感情似乎很滿意，但是戀愛的影響力使然，就算我告訴朋友也沒用，他的前額葉皮質功能依舊失常，無法進行邏輯思考。再說多巴胺只會讓他勇往直前，只要能和這位美女舊情復燃，他什麼都願意做。這種由荷爾蒙引起的戀愛衝動很難壓抑，或者可以套一句他在午餐聚會時講的話：「談生意很簡單，談戀愛很難。」

有時候，感情發展迅速從迷戀轉為愛戀，剎那間你就為愛痴狂。如果你曾經愛上不對的人，可能就明白愛情能有多盲目。

為何一個人愛到最高點時會看不清對方的缺點？根據研究，人類的額葉皮質會在戀愛時停工，導致我們無法實際評估伴侶。這時的你只能透過玫瑰色鏡片觀看一切，就算親朋好友試著警告你伴侶的缺點，你也可能會選擇完全充耳不聞，甚至可能覺得受到冒犯而對他們發脾氣。

等到前額葉皮質恢復作用——也就是墜入愛河的兩年後，你才會漸漸看見伴侶的真面目。你可能也聽過別人**抱怨他們的伴侶已經不是當初愛上的那個人，但通常改變的是說出這句話的人**。其實是他們的神經化學出現變化，伴侶從頭到尾都沒變。

熱戀保鮮期

熱戀可以維持多久？愛情可能永恆嗎？

雖然愛到深刻時最為美好，但這幾乎不可能是永恆不變的狀態。平均十二至十八個月，熱戀引發的神經化學改變就會消逝。即便如此，感情並不會就此告終，而是進入下一個階段：依附期。到了這個階段，多巴胺和

壓力荷爾蒙會恢復正常，最初熱戀時難以預料的劇烈情緒波動不見了，取而代之的是信賴和冷靜的感受。我聽過太多離婚的單身人士說他們想直接跳過熱戀期的戲劇化，直接進入這個祥和的感情階段。

雖然愛情的熱戀階段通常會在一、兩年後平息下來，腦部掃描卻顯示，即使兩人已在一起三十年，幸福快樂的伴侶看著另一半的照片時，大腦的愛情和慾望核心區域仍會啟動。所以在最理想的狀態下，愛情只會隨著時間變得更濃烈。

♡ 罹患愛情上癮症

什麼是愛情上癮症？什麼樣的人會對愛念念不忘？墜入愛河跟古柯鹼等毒品上癮又有哪些相似之處？

談戀愛時，人們的行為舉止通常很像毒蟲。腦部影像研究說明，戀愛中的人大腦啟動的部位和古柯鹼上癮的人相同，研究亦顯示失去愛情的人會出現毒品戒斷症狀。戀愛中的人會一心掛念著愛人，很難將注意力放在

其他事物上，就好比毒蟲也時時刻刻只想著下一次吸毒的時機。焦慮難眠、突然被甩的伴侶可能認為緩解心痛的唯一方法就是和愛人復合。

理想情況下，愛情上癮症可以促成一段良好長久的關係，但在最惡劣的情況下，愛情上癮症可能會讓人得到憂鬱症，甚至萌生自殺念頭，抑或是演變成凶殺案。

研究亦顯示，人在生活失衡時更可能輕易對愛上癮。舉凡失業、失去親朋好友、搬到一座新城市等情況，只要是牽涉各種重大調整或改變，我們都比較可能罹患愛情上癮症。

社交網絡或生活環境的改變會影響腦部的神經化學平衡，這時我們可能會尋求其他替代管道、填補空缺，譬如也許在這種時刻愛上第一個出現在眼前的適當人選，或是展開隨便的性關係。在理想狀態下，我們會自己發覺這個狀況，並且採取實際行動，建立全新的社交支持網絡，也可以做出健康的人生選擇，從中取得平衡。

某些童年經歷、依附、基因、環境及各種因素，也

讓人比較可能有愛情上癮症的傾向。性格使然，有些人或許比較容易依附他人，不然就是分手後深陷戒斷症狀的泥沼，也比一般人更容易隨便找個備胎交往，感情一段接著一段沒有間斷，而這就是愛情上癮症的典型行為模式。

愛情既可能讓你跳脫出上癮的迴圈，也可能讓你上癮。如果你沒有支持的社交網絡，就可能對錯誤的對象或毒品、酒精、賭博上癮。當愛情遠去，腦部的神經化學平衡出現變化，讓你更容易上癮。這是因為你常常從其他來源建立生活重心，以填補內心的愛情缺憾，而愛情逝去後，穩定的社交連結可作為填補空虛的健康方法，堅實的人際連結可以避免不健康的上癮症。

Chapter 2

愛的化學作用

....

有的人可能會因為對另一半失望而責怪
對方,但事實上,這只是大腦的多巴胺
下降所致。

The Chemistry
of Love

每天早晨從市中心散步到臨海公園，我都走同樣一條路線。即便如此，每天散步的感受都不盡相同。有時輕快愜意，可以自然輕鬆地對擦肩而過的路人微笑，體悟老家的美，未來似乎光明燦爛，生活也充滿各種可能。可是有些時候，就連踏出公寓大門都令人望之卻步。即使真的成功逼自己踏出家門，同樣景色卻讓我覺得了無生趣，路上似乎沒有人露出微笑。

神經化學的平衡在在影響著我們觀看四周環境及接受刺激的反應。腦部的化學狀態要是出現變化，人可能會在極短時間內變成一個截然不同的人。你可能也注意過，即使明明看似大同小異，你也按照慣例生活，某一天的感覺卻和其他日子有如天壤之別。

♡ 永無止境的平衡

腦部的化學變化有可能讓你陷入愁雲慘霧，但這絕

非罕見情況。日積月累的壓力、夜不成眠、和伴侶爭吵都可能讓一切感覺沉重。一旦低氣壓過了，太陽再次露臉，你就可以再次用嶄新視角看待同樣情況。

每個人都擁有屬於自己的基因組合、生長環境、荷爾蒙活動，而攝取營養、睡眠、生活型態、我們所獲得的光線量及大氣壓力，以上種種都可能影響我們某個時刻的腦部神經化學狀態。

生活經驗也會改變腦部的控制系統，並且留下記憶軌跡。人不斷在變化，這一點無可避免，而每一段關係也會在我們身上留下痕跡。這意思是隨著年紀增長，腦中儲存的記憶痕跡也會累積，用意是提醒我們，不然就是具有安撫作用。

如果一個人曾在過往感情中經歷情感或肢體的暴力，後來遇見某個讓我們想起這些過往的人，這個人就可能刺激我們的記憶系統，引發不愉快的感受，讓我們想起過去的負面經驗，好讓我們在未來避開相同狀況。但反過來說，如果我們遇到某個總是讓我們充滿安全感、支持與被愛的對象，就可能在我們的心底激起愉快

舒心的感受。

我們總是不斷在原始慾望和理性思考間達到平衡，雖然經驗和文化對我們具有強烈影響力，大腦的古老部位卻從未改變，而且對我們同樣具有巨大影響力。

♡ 我們的原始大腦

經過幾百萬年的演進後，人類大腦發展明顯比爬蟲類、小型哺乳類動物、黑猩猩進步，尤其是大腦皮質。位於額頭後方的前額葉皮質負責掌管邏輯思維和演繹推理能力，沒有皮質的話，我就無法研究愛情科學，你也讀不了這本書。

皮質下方是掌管情緒的邊緣系統，邊緣系統的下方則是最原始的大腦部位，亦即爬蟲類腦；六千五百萬年前出現了哺乳類動物，爬蟲類腦就存在於魚類、兩棲動物、爬蟲類動物身上。

最原始的大腦部位會告訴我們，哪些事物是安全或

危險、對我們是好是壞，邊緣系統和皮質也會持續對話，決定我們的最終反應。

　　想像一下，有一天你沒有時間吃飯，渾身緊繃又疲倦、頭痛、情緒不安，你的爬蟲類腦知道自己必須趕快進食。所幸你在回家途中碰巧行經一家餐廳，聞到香噴噴的美食時，想都沒想、幾乎下意識地踏進餐廳，找到一張空桌，點了餐點。沒多久，一碗熱騰騰的美味義大利麵上桌，光是義大利麵的分量和香氣就讓你體內的幸福荷爾蒙瞬間激增。咬下第一口時，你感覺緊繃漸漸消

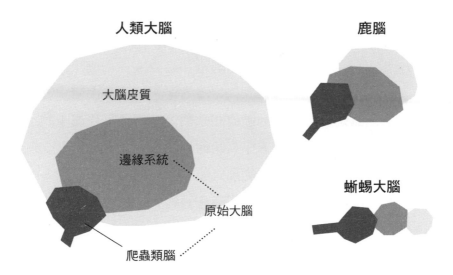

退。多虧幸福荷爾蒙，餐後的你感到平靜放鬆，你的身體很清楚經過漫長的一天，你非常需要熱量，於是總算享用晚餐時，身體便犒賞幸福荷爾蒙。而與另一個人的親密關係也能帶來類似的放鬆效果。

邊緣系統的觀察結論分成兩種，一種是對我們有好處的事物，另一種則是對我們沒有好處的事物。發現危險或有害事物時，邊緣系統會在體內釋放壓力荷爾蒙，讓我們開始流汗、脈搏加快，通常還伴隨著胃部打結的感覺，一陣觸電感受瞬間流竄全身，以上徵兆都讓我們更警覺潛在威脅。

大腦皮質接著會進一步分析狀況，幫我們選擇適當反應，究竟是正面迎戰或是逃跑？培養關係抑或交新朋友？該不會這只是我們應該忽視的錯誤警報？大腦皮質會將觀察是否正確的回饋傳回原始大腦部位，好讓我們的原始大腦對威脅和未來可能的發展更有效率地做出反應。打從我們呱呱墜地的那天起，我們的確會依照個人經驗創造記憶，所以我們才能在面對刺激時，學會有效率地反應。

這個現象可以解釋，為何第一次在新家聽見不熟悉的嗶嗶聲時，你可能會被嚇到，一旦發現那只是洗碗機完成清洗的警示音，之後幾乎都不予理會。

多虧有大腦皮質，我們才可以理性思考，不會下意識地憑直覺行動。所以我們的原始大腦區域發出攸關存活的信號，例如需要進食或出現潛在繁殖對象時，我們也可以理性分析情境。

智力與情緒之間有幾百萬條神經交錯連結，雖然要視情況而定，但是大腦主要有兩條行動路線，其中一條是捷徑，能直接將訊息從大腦皮質的感受部位傳輸到大腦的動物部位。一旦啟用這條捷徑，我們就可能會在有意識之前，只憑視覺或嗅覺信號發出強烈反應；反之要是大腦的基本路線啟動，爬蟲類腦就能接收已預先處理好資訊的大腦皮質信號，這麼一來，我們就能在行動前進行思考。

由於大腦皮質，就算你飢腸轆轆時面前擺著一個誘人漢堡，若你覺得漢堡可能毀了自己的減重計畫，你還是能夠克制自己不吞下那個漢堡。即使你的爬蟲類腦督

促你主動接近每個魅力四射的男女，基本路線也會遏止你衝動行事。

不過話說回來，沉重壓力也可能啟動捷徑，阻斷你的常識，讓你不經大腦、只憑藉感受行事，所以某個深陷情網的人仍可能會出於嫉妒而攻擊伴侶，感到緊繃與壓力時，違心之論也可能脫口而出。

可是大腦皮質製造不了觸發幸福感受的化學物質，所以光是理性思考也無法讓人感到幸福。幸福感源自於動物大腦，幾百萬年來，人類都是仰賴動物大腦做出可以安全存活的反應。不過，當然你個人的想法和行動還是能增加幸福的可能性。

你的大腦每一秒都在幸福荷爾蒙和壓力荷爾蒙之間調整，盡可能取得平衡。當這兩種荷爾蒙造成心情擺盪，代表大腦正在指引你做出可以安然存活，並可在地球上延續生命的選擇。

尋覓合適的伴侶、繁衍下一代、在孩子年幼時全家團聚在一起……以上都是對於人類生存最重要的事，這也是為何你的大腦動物部位在遇見潛在伴侶時，會透過

傳導物質喚醒強烈反應。墜入愛河、談感情、碰到危機等不同情況下，腦部的神經化學平衡都會影響我們的行動和反應。等到你更認識傳導物質如何影響自己的感受，就能理解自己為何會有某些情緒，也能明白周遭的人為何出現某些情緒波動。

♡ 藏在感受背後的荷爾蒙

視覺和聽覺等感官給予我們關於周遭環境的資訊，而這些資訊則經由感覺神經路徑傳送到體覺皮質區。資訊則通常會再從體覺皮質區送到人類的動物腦，動物腦會通知發展進化的「聰明」額葉皮質，額葉皮質再運用手邊的資訊，回饋至腦部原始部位，這樣的一來一往可以決定邊緣系統需要釋放的各種荷爾蒙，並指引我們採取行動。不同荷爾蒙的結合則將決定我們是否開心到飄飄然，抑或躲在被窩裡痛哭。

人類腦部共有超過一千個顆神經細胞，神經細胞會透過名叫傳導物質的小分子與彼此溝通聯繫。製造愉悅

感受的主要荷爾蒙分別是多巴胺、血清素、催產素及腦內啡。

多巴胺是行動推手

我放手一搏，跨越大西洋抵達另一端的洛杉磯，在海邊的一棟沙灘小屋生活。每天早上起床後的第一件事就是凝望大海，一天的尾聲則是聆聽規律地拍打著沙岸的海浪聲音。

我看著衝浪手整整一天都在海邊等待完美海浪襲來，頓時發現衝浪正好完美詮釋了多巴胺的釋放：你等待完美海浪將自己一把捲走，卻完全無法預期真正來襲時會是一種什麼樣的感受。

看著孩子初次咬下一口水果或是品嚐一塊巧克力露出的燦爛笑容，是一種非常愉快療癒的畫面。這是大腦釋放多巴胺時產生的反應，說明了某種食物對生存有好

處，所以下次當孩子看見同樣水果，大腦會再次釋放多巴胺，讓他們開心。而爸爸媽媽露出笑容和眼神鼓勵，也對孩子有影響，亦能促進多巴胺釋放。

化學物質藉由這種方式引導我們的行為，並創造記憶軌跡，所以我們未來在面對不同刺激時才會產生不一樣的反應。大腦最原始的用意是讓我們能夠存活下去，而多巴胺的首要任務就是讓我們餵飽自己。要是食物充足，我們的大腦就會把多巴胺預留給其他關乎生存關鍵的事物。

祖先外出狩獵或挺過危險處境時，腦中會分泌大量多巴胺，現代社會的男性鮮少需要趕跑蟄伏於洞穴口的動物，再說他們也不需要帶回「當日狩獵戰果」，所以不太會釋放相同的多巴胺。身為現代消費者，許多東西變得唾手可得，因此現代人喜歡利用體育運動較量、展現個人能力也不奇怪了。職場成功也是另一種取代狩獵的方式。

只有真正的熱情能才能驅動我們全力以赴實踐夢想，每當你達成目標，無論是擁有一棟海邊小屋、研發

出癌症療法、踢出致勝一球，抑或在藝術工作室實現願景，多巴胺都帶來一種美好的愉悅感受。電玩遊戲也能讓你分泌多巴胺，這就是大家喜歡打電動的原因之一。令人上癮的遊戲挑戰性十足，讓你欲罷不能，也不時供應充裕的多巴胺。蒐集也是其中一種嗜好，每當你多出一樣全新的收藏品，大腦就會分泌多巴胺。

由於理性思考無法讓大腦製造多巴胺，所以我們不能憑藉理性墜入愛河。在愛情的迷戀階段，多巴胺釋放達到高峰，也怪不得剛展開戀情的人願意為了所愛赴湯蹈火。有的人甚至心甘情願為了愛人放下一切，搬到地球的另一端。這裡我先舉手承認，我也曾為了愛情做出重大犧牲。

隨著最初的迷戀期畫下句點，多巴胺指數也會下降。有的人可能會因為對另一半失望而責怪對方，但事實上，這只是大腦的多巴胺下降所致。

多巴胺驅使我們朝個人設定的目標勇往直前，愛情也好，奧斯卡金像獎、世界冠軍，或是談妥一門生意也罷，我們每朝目標邁出的一步都會釋放多巴胺。當目標

總算達成，我們可能會瞬間感到強烈的多巴胺釋放及興高采烈的感受，但是多巴胺不再分泌時，很快就會感到空虛。

如今當我朝夢想努力，會試著偶爾停下腳步，在過程中慶祝小小的勝利，因為我現在明白了，過程其實比結果重要。同理，談一段感情時不妨偶爾停下來，享受片刻的小確幸也是明智之舉，因為這樣能加速釋放幸福荷爾蒙。

受多巴胺驅使的人常常拖拖拉拉，因為期限迫在眉睫而慌張失措時，腦中會釋放多巴胺，多巴胺則會激起活力和專注力，讓人靈感乍現、點子源源不絕，讓他們可以完成專案計畫。當我在截稿日的兩天前寫這個段落時，非常清楚為何臨時抱佛腳是我最常見的工作模式。

有些人天生就比較仰賴多巴胺的驅動力，這類差異從小朋友互相較勁的樣子就能看出端倪，有的小孩就比其他人好勝。我曾訪問幾個深受多巴胺驅使、天生好勝、為了夢想努力的拚命三郎，他們在面對挫折時不退縮，每次跌到谷底又會重新爬起來，過程中從不灰心喪

志。當他們陷入愛河，則是常常準備好拋下一切。談戀愛造成的多巴胺激增，完全能夠滿足他們的多巴胺需求，而這正好可以解釋為何他們會有遇上愛情便將事業生涯和重要目標拋在腦後的傾向。從大自然的觀點來看，這種情況下，讓一對潛在基因匹配的愛侶相愛、繁衍下一代，會比衝刺事業、維繫社交關係來得重要。

仰賴多巴胺的驅動力也不是全無風險：一旦達成目標，身體就需要更多荷爾蒙刺激。對於愛情、性、工作、運動的成癮都是血淋淋的例子，足以說明維持多巴胺高峰為何可能演變成一大問題。譬如使用某些藥物或打電玩，不用離開沙發就能增加多巴胺釋放，卻可能害你變得被動消極、痴迷上癮。原本是要擺脫某種上癮症，後來卻可能為了彌補失去的幸福荷爾蒙而對另一件事物上癮。舉個例子，也許你身邊就有認識的人離婚後全心沉浸事業、迷上馬拉松，或是濫用藥物尋求慰藉。

人類的酬償中樞偏好美食、性、愛情、社交關係、新奇事物，與上述相關的刺激都能增加多巴胺釋放，並且引導我們的行動。多巴胺會讓我們尋求愉悅，類鴉片系統則讓人感覺愉快。心理學家蘇珊・威辛克（Susan

Weinschenk）表示，由於多巴胺系統的威力比類鴉片系統強大，所以「**人往往不會滿足了就不再追尋**」。正因為人體天生會釋放這些化學物質，驅動我們尋覓新奇刺激的事物，也難怪內心很難達到平靜滿足。

平靜心靈的血清素

剛結束演講的我很沒有安全感。要是沒人喜歡我準備的內容怎麼辦？我剛才是不是講得太匆促聒噪？內容夠有趣嗎？我環顧四周，沒看見任何人露出笑容。我深陷思緒，整齊收好桌上的講稿，就在這時，突然有人輕拍我的背。我轉過身，一個年輕女聽眾注視著我，說：「我只是想說謝謝妳今天的演講，妳真的深深鼓舞我，我考慮今年春天嘗試申請醫學院。」我感覺到腦中的血清素上升，對自己感到驕傲，證實了自己沒有選錯人生道路。

血清素是另一個控制心情、引導行為的重要傳導物

質。多巴胺讓人為了得到可能的獎賞而不惜冒險，血清素則指引我們做出安全選擇，提升我們的快樂安康。基本的人類需求包括食物和另一人的陪伴，當這些需求獲得滿足，人就會開始從四周尋覓其他可以增進安全感的要素。

95％的血清素是由腸胃製造，剩下的則是來自腦部。血清素不足的症狀包括哀傷、冷淡、憂鬱、長期倦怠、衝動和攻擊性增強。由於血清素是褪黑激素的前驅物，褪黑激素則是一種調節睡眠和清醒週期的荷爾蒙，因此缺乏血清素多少會影響睡眠品質。研究亦發現血清素不足會影響食慾和性慾，進而影響記憶及學習能力。血清素不足可能會增加食慾，尤其是對甜點的慾望，血清素過剩則會降低性慾以及達到性愉悅的能力。

你是否曾經對著一群崇拜自己的觀眾公開演講或報告，也非常享受觀眾的關注？你是運動俱樂部的成員嗎？或是某個俱樂部的活躍人物？抑或被選為大樓管理委員？當他人用崇拜目光凝視著你，你體會到的愉悅來自血清素。每次受人重視時，大腦就會分泌血清素。

人類一直以來仰賴社會團體，並在團體中追求受重視的感覺。在遠古時代，團體生活可以增加存活率，這就是為何身體仍會要求我們參與團體生活。即便你是一個本性謙遜的人，不會刻意尋求他人的接納和尊重，備受重視的感受還是很好，血清素則會讓你渴望更多重視。

不少現代人都是透過社群媒體獲得接納和認可的感受。詼諧幽默地更新貼文讓人忍不住按讚留言，而獲得的讚數越多，就帶給人越多愉悅感受，我們因而努力發想更多幽默好笑的貼文。人類的基本血清素指數左右著我們需要多少認同帶來的滿足。平衡的人際關係、覺得自己備受重視尊敬的工作環境、尊重感激自己的家人朋友……以上都能預防我們不對社群媒體上癮。

你設定的自我期待值也在在影響自己感受到的快樂指數。如果你不斷要求高度認可，就可能反覆感到失望。如果你設定的期望值很實際，達成的機率就較高；由於血清素順暢，你也更可能達到心靈平靜與安全感。

多巴胺大量分泌的同時，血清素濃度可能很低，這

就是為何熱戀初期、多巴胺指數最高的時候，你比較容易有不安全感和焦躁情緒，可能出現強迫症行為甚至高度攻擊性舉動。如果你曾經愛過人，一定很熟悉夜裡輾轉難眠的不安：「這段感情可能有結果嗎？要是他／她不愛我呢？」

如果愛人對你不公平，你或許會對他深感惱怒。在電影和小說中，愛侶之間的激烈口角經常演變成肉搏戰，最後兩人緊緊擁抱、熱情激吻。有些人在戀愛時比其他人容易出現這種強迫症行為，而這可能正是低血清素作祟。

研究證實飲酒會降低血清素濃度，血清素降低可能就是酒後出現攻擊性火爆行徑及睡眠品質下降的成因之一。血清素指數下降也能解釋在酒吧廝混一晚後，為何會有輕微的悔恨、失憶、渴望甜食。

和相處愉快的人共度時光、與朋友一起運動健身、打掃房子、烘焙都是提高血清素的活動，可以幫我們提振心情。大多數的抗憂鬱症藥物都有助於提升腦部血清素，因而提振精神、穩定情緒，減少造成攻擊性和衝動

行為。

腦內啡帶來亢奮感受

　　長期埋首工作之後，我決定從壓力中解放，到鄉間來一場放鬆之旅。抵達鄉間時正是沁涼潮濕的春夜，大海平靜無波，我隱約聽見彼岸那端傳來的鳥囀。而我抵達後的第一件事就是準備三溫暖、把存糧塞進冰箱，然後在床頭櫃上擺滿一直想讀的書。走回三溫暖時，我深吸一口氣，將滿滿新鮮的氧氣注入肺部，鄉間的薄暮美到我決定在戶外多逗留一陣子。我卸下浴袍，一鼓作氣奔向大海，冰冷空氣引發腦內啡激增，令我忍不住倒抽一口氣。這正是我需要的，我又重新找回自我！

　　馬拉松選手跨過終點線之後的感受，或是踏出三溫暖後令人放鬆的愉悅舒暢，這些感受的幕後主使者就是腦內啡。這些化學物質幫我們挺過極端情境，因此當你

將體能推向極限，就會開始釋放腦內啡。身為芬蘭人的我們是很常造訪三溫暖沒錯，即便如此，身體在感受高溫的當下仍會處於一種極端情境，因而釋放腦內啡。

如果你曾經參加過長跑，肯定對於跑者的亢奮感受不陌生。在所有考驗耐力的體育項目中，運動員將自己推向極限時，身體會釋放腦內啡以應付疼痛，而運動員也習慣感受腦內啡為身體帶來的愉悅。因傷揮別體育生涯的運動員之後可能有陣子會很空虛，這是因為換成其他領域，挑戰體能極限所帶來的亢奮感受實在難尋。

腦內啡被稱為大自然的嗎啡，因為腦內啡和鴉片類藥物一樣，通常能有效緩解身心疼痛。

揮汗健身時，腦內啡會激增，令人忘卻心碎的痛楚，而肢體運動亦顯示能減輕季節性情緒失調症狀。但有件事需要注意，那就是自然的腦內啡可能造成上癮，不過肢體運動造成腦內啡輕微上癮的問題不大，即使只是拉筋都會釋放腦內啡。我得坦承我對拉筋稍微上癮，也很愛吃辣，辣椒會產生灼熱滾燙的感受、發出疼痛信號，進而釋放腦內啡。

大笑也是另一種幫助釋放腦內啡的活動，讓你感覺通體舒暢、心情愉快。看一齣喜劇也能釋放幸福荷爾蒙，提振心情、有助於放鬆。大笑的效果可以傳染給周遭的人，因此要是心情低落，和快樂正向的朋友相處是不錯的療法。笑聲也可促進信賴感及凝聚力，讓人更容易認識彼此、墜入愛河。就連縮寫的大笑符號 LOL 都能提升快樂感受，所以千萬別小看笑臉符號的力量！

催產素讓我們更親近

　　我放下電話的那刻，一陣失落感不由得襲來。我本來很有信心會拿到那份工作。我走到客廳，女兒正在和朋友的小狗玩耍，我一躺在地上，女兒和小狗跳到我身上，腦部釋放的催產素讓我感覺好多了。我決定還是相信命運的安排必有道理。

催產素幫助我們塑造社交關係、分辨自我和周遭他人的差異，這種荷爾蒙是讓我們和伴侶產生親密連結的幕後主使者。

　　結交新朋友或是和我們已經認識的人相處時都會分泌催產素，而催產素也有助於父母和孩子培養強烈的羈絆。當我們到了育齡，催產素便會引導我們加入更可能找到伴侶的全新團體，無論是政黨、球隊、樂團，每當你對某個團體有歸屬感，就會釋放催產素。

　　然而有時催產素會讓你無法脫離有害團隊。舉例來說，由於這種化學物質產生的羈絆十分強烈，讓年輕人很難與幫派劃清界線。

　　肢體接觸會刺激催產素釋放，幫助人與人之間建立信任感。在某項實驗中，一名男性在街頭隨機接近同齡女性假借問路，接著向她們索取電話號碼。如果他在要電話號碼前輕輕碰觸對方手臂，索取到電話號碼的機率

就會提高。你去髮廊整理頭髮時，可能會發現只因為髮型師幫你按摩頭皮，你就對他們敞開心胸，說出一般情況下自己不會對不熟的人說的話。

生產過程中，母親和孩子的腦部皆會釋放大量催產素，催產素亦會引起子宮收縮。生產過後，催產素亦能促進母子產生永久羈絆、幫助母親分泌乳汁、子宮收縮回產前狀態。性交和高潮也會釋放大量催產素，並且強化伴侶之間的親密、對彼此保持忠實。

在一項實驗中，研究人員為甫墜入愛河的男人施打催產素，再讓他看不同女子的照片。有施打催產素的男性在看見伴侶照片時，掌管愉悅和熱情的腦部區域便會啟動，但其他陌生美女的照片卻沒有同樣效果。

催產素也可以降低血壓、穩定身心靈，舒緩壓力。關係幸福快樂的伴侶催產素濃度較高，而高催產素甚至能幫助傷口和骨折更快康復癒合，按摩或性愛之後的放鬆可能也是來自催產素釋放。由於催產素會激發信任感，讓人們對彼此更慷慨大方，所以與其直接遞出一張SPA 禮券，幫另一半按摩腳部或許會讓他們更開心。再

說爭吵過後，情侶在同一張床上肩並肩睡覺，會比其中一人被踢到沙發上過夜來得好。

其他與愛情化學相關的分子

正腎上腺素會影響循環系統和消化。處於愛情迷戀期會刺激正腎上腺素釋放，導致睡眠不足、體力激增、食慾降低。正腎上腺素也能改善記憶和專注力，足以解釋你為何能記住剛戀愛那幾個月的大小細節。

刺激腦部的正腎上腺素正是許多專注力促進藥物追求的效果，而不斷尋求更強烈刺激的人，正腎上腺素值可能較低。全新刺激和體驗會啟動正腎上腺素釋放，因而減緩無聊感受。

看見自己感興趣的人時，正腎上腺素也會讓我們的瞳孔放大，這也是為何初次約會很適合來場燭光晚餐，畢竟低光源的環境條件能讓瞳孔放大，於是覺得在燭光中凝視著我們的人是真心對我們感興趣，進而激起浪漫氛圍。

愛情雲朵

多巴胺：達成目標、
興奮刺激、新鮮事物、
堅持不懈

血清素：平靜、安寧、
自尊、尊重

催產素、升壓素：
羈絆、信賴、親密感

腦內啡：感覺不到
疼痛、愉悅感受

正腎上腺素：
促進警覺、專注力

跟催產素及多巴胺一樣，升壓素也是形成長久關係的主要荷爾蒙。男性在高潮時會分泌大量升壓素，而這種荷爾蒙也是建立親密連結與信任感的要角。

　　我們運用田鼠進行實驗，觀察升壓素維繫關係的效果，結果發現田鼠和人類一樣也會建立長久關係。但若是壓抑田鼠的升壓素釋放，牠們就會失去對伴侶的興趣和親密連結；反之若是為田鼠注射升壓素，牠們不需要性交就能和異性建立關係，而性交通常是啟動親密反應的關鍵。

　　在進食、交媾、排卵、哺乳、雌激素療法的過程中，人都會分泌泌乳素。泌乳素促進奶水製造，也幫助人在高潮後放鬆。只要泌乳素升高，多巴胺指數就無法上升，這也解釋了為何高潮後無法立即撩起性慾。

Chapter 3

男人與女人

....

男女大腦就像 PC 和 MAC：兩者的作業
系統非常不同，可是皆能執行相同任務。

Men and Women

我從以前就喜歡和男生混在一起。在醫學院時期，我是班上的「男生之一」，他們甚至以男生的名字「艾基」戲稱我。我和男生相處都是直來直往，曾經認為青春期的我八成是子宮內有較高的睪固酮濃度，大腦偏男性化。再不然我就是一個女性化的女生，不知不覺加入四個男生，順理成章成為團體中唯一的女性，類似《實習醫生格蕾》（Grey's Anatomy）那幾個得到男同學全部關注的女性角色。

♡ 男性化與女性化大腦

　　研究愛情與熱戀時，我決定找出男女大腦南轅北轍的原因。某些性別差異在胚胎階段已經很明顯，在懷孕初期，父親的 Y 染色體會引發睪固酮風暴，促進男性外生殖器的發育。若沒有分泌睪固酮，胚胎就會發育成女性外生殖器。睪固酮、雌激素、黃體素也是腦部發展的關鍵角色，而這些荷爾蒙對腦部結構造成的差異在胚

胎階段已經很明顯。

這意思是除了本身的基因，母親的營養攝取、生活方式、荷爾蒙狀態、環境因子都可能影響腦部發展，因為這些因素會影響母親體內分泌的荷爾蒙。有一點特別值得指出，那就是同性之間的差異比異性之間要來得多，而這些差異會出現在不同大腦區域的大小及認知行為上。有些女性可能具有較顯男性化的大腦，有的男性的大腦則是非常女性化。

演化生物學研究的是人類行為，為了理解人類行為的各種過程，檢視男女大腦之間的一般差異很有幫助。

一般來說，活性神經元構成的灰質在男性大腦中多達六‧五倍。反之，女性大腦中以傳導神經元組成的白質是男性的十倍之多。女性大腦中，連結兩半球的聯絡神經元通常十分稠密，而男性大腦的連結則大多在同一半球且呈現縱向。諸如此類的差異可能影響男女的思考過程，足以說明為何**女性通常較擅長整理來自各方的資訊，男性則比較擅長直線式的大框架思考**，也解釋了為何男性通常立刻就能分辨左右，而像我這樣的人就比較

男性化大腦與女性化大腦

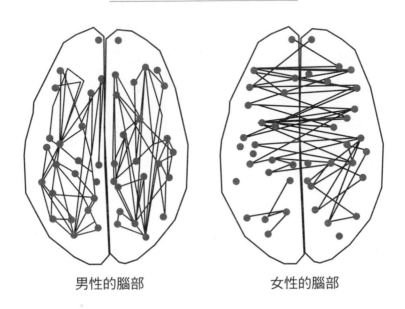

男性的腦部　　　　　　　女性的腦部

吃力。

　　腦部掃描顯示男女會運用不同大腦區域執行相同任務，這也是為何在探索不熟悉的地域時，男性往往仰賴指南針的方位，女性則是偏好利用各種路標找方向。

　　記憶、情緒、學習、壓力反應啟動的男女腦部區域

也不同，但這類差異並不代表某種性別比較強或弱。

根據哈佛醫學院的神經科學家吉兒·葛斯坦（Jill Goldstein）的說法，我們可以將男女的大腦比喻成 PC 和 MAC：兩者的作業系統非常不同，可是皆能執行相同的任務。

葛斯坦發現男女觀看令人極度不舒服的圖片時，會啟動不同的大腦部位，而女性的大腦啟動模式會受月經週期影響。有趣的是，儘管男女大腦有所差異，葛斯坦為了個人研究而對一組實驗對象進行測試時，卻發現每個人看到同一組影像時感受到的壓力都很類似。

說到產生壓力反應，睪固酮是至關重要的角色。雖然實驗對象形容他們感受到的壓力很類似，但葛斯坦的研究旨在檢視人與人之間的荷爾蒙濃度差異，以及荷爾蒙濃度的差異是如何影響不同人面對壓力時的反應。高睪固酮濃度也顯示可改善一個人的抗壓性。

研究結果也顯示出男女的腦部結構差異。許多女性經常長時間在腦中反覆思索，尤其是情緒方面的問題，也常常會為了減輕壓力而和他人傾訴個人想法和問題。

對女性來說，觸摸尤其能減輕壓力指數。面對壓力時，男性通常傾向自己默默承受，而不是傾訴。

男性與女性每日的用字量也有明顯落差。根據一項研究，女性每天要說的話多達兩萬字，男性則僅有七千字。要是女性整天都待在家裡照顧寶寶，想要把剩餘的一萬八千字拿來和丈夫聊天，但丈夫已經工作一整天，在公司還連續開好幾場會，回到家後恐怕早已耗盡用字量。對女性來說，這種落差恐怕很辛苦。

這項女性本能已經過科學證實，即使是休息狀態，女性的大腦仍比男性活躍。由於女性大腦以不同方式處理周遭環境的資訊，因此她們時常接收到男性大腦無法察覺的細枝末節。

研究亦顯示女性比男性更容易流淚。女性哭泣的時候，淚水中的分子能暫時降低男性的睪固酮濃度，所以爭吵過程中，睪固酮濃度降低，就不會發生攻擊性行為，男人的行為表現也會跟著軟化，進而緩和局勢。不過在這種情況下，也比較難有床頭吵床尾和的狀況——至少在當下不會。

我認識的一位女性曾經因為超速而被帶上警車，她的淚水讓前座的警察坐立難安，最後只好撤銷罰單放人。正如你所見，女性還可以利用荷爾蒙逃過罰款！

當我們感覺疼痛，稱為杏仁核的大腦部位就會啟動。男性的杏仁核右半側較為活躍，這個部位負責接收外界刺激和訊息。左半側則主要負責內部功能的往來溝通及情緒狀態變化，這部位在女性大腦中較為活躍，因此可以解釋為何有時女性對於心理疼痛較男性敏感。

掌管記憶儲存的大腦部位海馬迴在女性腦部較為活躍，因此女性比男性擅長記憶人臉、名字、文字語言及日常發生的大小事，男性則是擅長記憶立體空間與物件。如果要求一對夫婦回想上週一起參加的某場派對，兩人對當晚的記憶可能讓對方吃驚。太太能確切回想起隔壁瓊斯太太的穿著打扮，丈夫則能過目不忘地背出主人衣櫃的組裝使用手冊。

那麼愛情呢？愛情會影響男女的大腦嗎？

為了找出這個問題的答案，英國神經生物學家塞莫·薩基（Semir Zeki）和團隊比對了二十四對熱戀情

侶的大腦，男女比例各占一半。而在這兩種性別之中，各有一半是同性戀者。

澤基讓受測者觀看情人和對照者的照片，接著從受測者的大腦顯影發現，不分男女或性向，愛情會在同一個腦部區域啟動類似變化。儘管男女對於視覺信號，甚至疼痛的反應不同，但只要是愛情，我們的大腦反應都很類似。**愛情就是愛情，不分你我。**

♡ 睪固酮效應

男女體內都會分泌性荷爾蒙睪固酮。人體透過膽固醇製造睪固酮，主要來自男性的睪丸及女性的卵巢，部分也來自男女兩性的腎上腺。一般來說，男性的睪固酮濃度是女性的七、八倍之多。睪固酮會促進肌肉和骨骼密度成長，在人體健康上扮演著舉足輕重的角色。睪固酮濃度高的人往往偏好冒險行為，專注力高，抗壓性也強。睪固酮主要掌管男性性慾，不過女性體內的游離睪固酮也會增加她們的性慾。睪固酮會在脂肪組織中被代

謝成一種名為雌二醇的女性荷爾蒙。

熱愛打獵的漢子

最近，我看見一個女人穿著標有「我有陰道，我來主導」的 T 恤。真是如此嗎？如果是，原因是什麼？

男性的睪丸每小時會製造一千兩百萬個精子細胞，每次男性射精，至少射出兩億八千萬個迫不及待的精子。而女性一生中則只會製造大約四百顆卵子，要是一顆卵子受孕，接下來的九個月，女性的子宮就得背負孕育胎兒的責任。

雖然男女雙方成為家長後，應該要平等分攤責任，可是這種時候反而突顯出性別平等是否真的可能的問題。值得思考的是，在懷孕過程中經歷各種身體變化的仍然是女性，好比妊娠前三個月的疲倦和可能發生孕吐等症狀；最後也是女性將寶寶推出自己身體，將新生命帶到這個世界。負責哺乳的是女性，畢竟女性是孩子未來六個月的唯一營養來源。雖然現代父親比以往積極參與、照顧孩子，父母兩人的生理差距終究無法消弭。

研究指出，女性主要擔負養育孩子的生理責任，正因如此，在選擇繁衍對象時，女性通常會比較謹慎。她們往往比男性精挑細選伴侶，因為她們希望孩子出生後，可以獲得良好照顧與養育，所以女性在挑選繁衍對象時比較挑剔，男性則是爭先恐後地吸引女性的注意。即使到了現代，許多男性仍然享受歷史悠久的獵人角色，而睪固酮就是狩獵本性的主要荷爾蒙。

男人與睪丸

　　幾千年前，能擄獲全村第一美女芳心的男性都是為部落捕捉到最大獵物的英雄。換作是現代，叢林或草原打獵已經改由體育競賽取代。在古時候，祖先必須捕捉獵物才能生存下去，所以他們會拿出吃奶力氣全速奔馳；當成武器發射的石頭成功擊中獵物，他們的身體便會釋放大量的幸福荷爾蒙。狩獵所需的主要技能包括良好的協調性、立體空間感知以及優越的專注力，而現代的團隊運動也是以同樣技能標準決定贏家。

　　研究顯示男性荷爾蒙濃度高，常常與上述特性畫上

等號，這也是為何睪固醇濃度高的男性通常偏好必須運用上述技能的運動。運動員的大腦會釋放大量腦內啡，讓他們堅持到比賽結束。與此同時，隊友和觀眾的支持為他們增加血清素的製造，為達目標而努力時則會釋放多巴胺。

贏得比賽會提升運動員的自尊和睪固酮濃度，而這會吸引更多具有魅力的女性接近，進而加速他的睪固酮釋放。「全力奪勝」還真是好處多多。這麼一看，許多頂尖運動員都和模特兒或選美皇后交往也不意外，這些女性則具備高雌激素的特質。

一般來說，高睪固酮濃度會增加一個人的競爭力，在眾多領域激起得勝慾望，所以男女首席執行長或主管的睪固酮濃度可能比一般人高。

研究亦顯示**我們會受荷爾蒙狀態相配的人吸引**，這也是為何雌激素指數較低的女性可能會選擇睪固酮濃度較低的男性。

我們的外表亦會發出訊息，透露個人遺傳物質，以及我們在胚胎期與青春期的荷爾蒙數量。人體內部的游

離荷爾蒙數量會依據每月和每天的不同時間及年齡有所落差，此外，我們選擇的生活型態也會影響性荷爾蒙的濃度。

而男性增進睪固酮的方法如下：

一、**維持健康體重**。睪固酮會在脂肪組織中代謝成雌激素，意思是多餘脂肪會降低睪固酮濃度，使外貌顯得女性化。

二、**短時間高強度的體能訓練是最有效刺激睪固酮的方法**。間歇運動或上坡跑步都是很好的訣竅。值得注意的是，超過一小時的密集訓練會提高壓力荷爾蒙指數、降低睪固酮，所以賣力運動後別忘記要適度休息。

三、**攝取足夠的鋅是一定要的**。鋅會影響兩百多種酵素功能，是一種天然的睪固酮來源。鋅也會影響精子製造。

四、**留意飲食中攝取的優質脂肪**。人體應該攝取足量的 Omega-3，男性身體需要 Omega-3 合成荷爾蒙，而魚類、堅果、種子、冷壓油都是優質脂肪來源，而這

類油脂應該占卡路里攝取總量的二至三成。Omega-3 也能減緩身體發炎，降低壓力荷爾蒙指數。

五、盡可能攝取原型食物，避免不必要的化學物質。不純粹的食物和我們所使用的化學物質都是環境雌激素來源，這種合成雌激素會擾亂我們的荷爾蒙製造。

六、清除體內的環境雌激素。多攝取高纖飲食，芥藍和花椰菜等綠色蔬菜可以幫助排出體內的合成雌激素。

七、睡眠充足。研究顯示睡眠不足會造成睪固酮濃度降低四成。

八、理性飲酒。研究發現每日飲用兩杯以上酒精會降低男性的睪固酮濃度。

九、戒菸。研究發現抽菸會降低睪固酮濃度。

十、多多接受性刺激。性刺激物、想著性愛、做愛都會提升睪固酮濃度。

♡ 被荷爾蒙控制的女人

探究兩性及其特色時，腦部聯絡神經元的連結差異還只是一開始，週期性荷爾蒙活動控制女性行為到令人咋舌的程度。月經週期會影響女性的整體狀態，譬如警覺性、心情、性慾、專注力、立體思考。只要我們認識了身體的週期運作模式，就能以行動改善生活品質。再者要是男性理解女性的身體運作，更能做好準備，應對她們行經前沒來由的發脾氣或淚水攻勢，並且知道何時進行性事可能最銷魂！為了感情健康，男女兩性都應該學習認識荷爾蒙的不同週期階段。

一、**卵泡期**。在這個月經剛結束後的階段，雌激素、黃體素、睪固酮等性荷爾蒙處於最低狀態，正在慢慢恢復製造，性慾也可能最低迷，所以這個階段的女性比平時更需要身心方面達到親密，才撩撥得了慾望。

二、**排卵期**。睪固酮和雌激素指數達到高峰的時期，卵子已準備排出體外，這時女性很容易被撩起性

慾，可能自然發生熱情性愛。由於體力正值高峰，也很
容易激起狂野性愛。

三、**黃體期**。這時，女性的性荷爾蒙仍然高漲，女
性可能還處於性活躍期。然而該階段進行到一半，睪
固酮濃度卻可能驟降，導致性慾低迷，也較難達到高
潮。到了黃體期末段，許多女性焦躁不安、身體水腫，
遇到刺激時可能會出現急躁反應。經前症候群（或稱
PMS）早就不是科學新知，有的國家甚至建議審理凶殺
案時將 PMS 當作從輕量刑的理由。

四、**月經期**。在月經來潮的期間，荷爾蒙指數和
性慾皆為低下，但心情通常沒有 PMS 期間來得動盪起
伏。很多人認為性愛是一種緩解經痛、提振精神的好方
法，關於這方面，最好的做法還是聆聽自己身體的聲
音，遵循身體給予的指示。

排卵之前，女性的雌激素分泌量往往會暫時降低，
俗話說「好情人把女友當女兒疼」，指的很可能就是這
種現象。在這個階段，關懷另一半的人會細心留意女性
的敏感，並在最可能懷孕的時期避免性愛。

排卵是一項祕密武器

大自然會督促我們繁衍下一代,這或許可以從排卵對女性行為和環境的影響看出端倪。排卵期出現的身體變化代表著女性的荷爾蒙狀態,男性則能潛意識察覺到她們受孕的可能性。

根據研究,女性在排卵期時覺得自己更性感,打扮或許會更撩人,甚至連舞姿都更魅惑。要是有男性上前邀舞,正值排卵期的女性點頭答應的機率較高,而她們也更可能外遇。女性身體在排卵期間看來較為勻稱,腰臀比例也較為理想。

在準備受孕的階段,女性的聲音會比正常時候尖,體味也會改變,因此很容易吸引男性,他們的睪固酮濃度也會上升。脫衣舞孃在排卵期間收到的小費通常是平時的兩倍之多。這時,女性會偏好最可能讓自己受孕的男性,也就是睪固酮濃度較高的男性。由於女性身體清楚自己正值排卵期,因此會盡可能去找尋適宜結合的優質精子。

在月經週期的其他階段，女性比較可能選擇一個願意陪伴在側的男性，直到下一次排卵期為止，這樣一來，大自然就能提高女性繁衍受孕的先決條件。避孕藥和其他荷爾蒙節育方式會影響女性荷爾蒙活動，通常也最可能預防排卵，因此可能擾亂我們的交配模式。

♡ 男人、女人，以及性愛

根據研究，一般來說是男性的性慾較強，但女性的性慾卻比較難澆熄。男性也比女性更常想著性事、自慰、尋找做愛的機會。文化和社會等因素顯示對女性性慾具有強烈影響，男性性慾通常不拐彎抹角，女性性慾的本質則較為複雜。

金賽性研究所（Kinsey Institute）的研究員發現，性畫面對於人類大腦具有強烈效果。某份研究指出，男性看到美女胴體時，伴侶的魅力在他們心目中就會大打折扣。

神經科學家金・瓦倫（Kim Wallen）對男女進行實

驗，發現兩性在觀看性愛圖片同樣會被撩起慾望，然而腦部掃描研究卻顯示，掌控性慾的男性大腦部位杏仁核和下視丘會出現強烈啟動反應。這也許可以解釋，為何一般來說男性較常觀看情色片，對於視覺刺激的反應也較劇烈。研究指出觀賞情色片時，女性喜歡專注於故事情節和內容，也比較喜歡觀看自己熟悉的演員，男性則要靠大量視覺刺激才能獲得滿足，通常也喜歡看見新角色。

懷孕

人類祖先並沒有有效的避孕手段，所以只要生活條件不至於嚴峻而不適合受孕，他們往往會在交往熱戀期就懷孕。

孕婦的體內就像是上演一場荷爾蒙風暴。我懷孕的時候正在醫學院修習懷孕及生產課程，我還記得和同一組的男性協助孕婦生產時，自己是多麼情緒化。每次聽見新生兒的哭啼都得強忍淚水，畢竟穿著白袍落淚並不恰當。就連在家看一部闔家觀賞的電影，看見故事中脫

離大自然的鯨魚最後總算躍出碼頭、重獲自由時，我的淚水完全止不住。雖然我內心像個男孩子，孕期卻默默改變了我。

胎盤會製造人類絨毛膜促性腺激素、黃體化激素和許多種雌激素，而諸如此類的荷爾蒙就是孕婦的臉龐「閃閃發光」的原因，也讓她們非常容易對微小刺激產生反應。荷爾蒙變化對於胚胎發育非常關鍵，能預備讓母親在產後馬上讀懂小嬰兒的情緒。另一方面，父親可能會被母親莫名其妙的眼淚和過度敏感弄得一頭霧水。荷爾蒙引起情緒變化是很自然的事，理解這一點也很重要。另外，胎兒的性別也會影響母親的荷爾蒙平衡，所以每次懷孕的狀態都可能不太一樣。

孕婦的性慾也因人而異，有些女性在整個孕期欲求不滿，有些人則是性致全無。全新的情境可能讓女性倍感壓力、毫無性慾。有的人害怕孕期做愛，但其實完全不用害怕，由於母親的幸福荷爾蒙會大量傳輸到胎兒體內，所以母親開心的話，小嬰兒也會開心。高潮可能釋放大量催產素，讓子宮出現初期收縮現象，為生產做好準備。研究顯示孕期性愛會提升母親的自尊，伴侶之間

能夠藉此營造更緊密的羈絆。

和嬰兒相處時，父親會增加釋放催產素，兩人之間因而變得更親密。研究發現催產素讓父親更喜歡和孩子玩在一起，即使只是稍微肢體碰觸和按摩，都足以釋放大量催產素，進而安撫父母情緒，讓彼此關係更親密。

生產：失控的荷爾蒙

由於生產時母親體內會釋放大量腦內啡，她們在生產過程才忍受得了疼痛。產後光是抱著小嬰兒就會產生泌乳素、腦內啡及催產素，母親因而感到輕鬆愉快。

哺乳和抱著嬰兒會刺激催產素釋放，讓母親和孩子之間很快形成荷爾蒙的連結，正因如此，母親才能同時應付睡眠不足及哭哭啼啼的小嬰兒。

然而荷爾蒙連結不一定會正常發展，要是遇到這種情況，母親和嬰兒的連結發展可能會放慢速度，導致產後憂鬱症。

荷爾蒙變化不限於母親，父親的身體也會出現變

化。父親的荷爾蒙經常在聽說懷孕消息後下降，初次看見小嬰兒時尤甚。這樣的荷爾蒙變化讓男性快速適應家庭生活，更懂得付出關愛。這種變化可能讓父親感到茫然，開始納悶他們的雄性男子氣概跑哪去了，但務必要了解，這種荷爾蒙改變只是短暫的。

　　哺乳親餵會讓性荷爾蒙指數下降，由於性慾全失，陰道乾燥可能是產後的生活寫照。而睪固酮濃度會下降，男性性慾通常也會稍微降低。這些變化都很自然，也只是暫時的，不代表你不愛對方或是挑錯伴侶了。

Chapter 4

我們如何
墜入愛河？

………

我們的大腦和腦部的愛情地圖會不斷演進發
展，讓你幾乎猜不到自己最終會愛上誰。

Who Do We Fall In
Love With?

我的母親是一個雲遊四海的都會美女。她出生於赫爾辛基，周遊世界各地，後來和未婚夫定居瑞士。某年夏天，她沒有帶上未婚夫，獨自回到芬蘭度假，卻不知那年夏天，人生將會徹底洗牌。

　　某天，她在海灘享受日光浴時，一名年輕男子騎著白馬經過她身邊。幾天後的某晚，我的母親正和一群朋友聚會，而這位肩膀厚實的金髮白馬男子也在場。即使她從頭到腳都是高級訂製服，他則是一雙紅襪配涼鞋，她仍然在兩個月內就決定不回瑞士，要留在韋赫馬（Vehmaa），窩在一間只有木柴火爐保暖的夏日小屋度過天寒地凍的冬季，並私下和我父親偷偷見面。

　　當初他的父母並不贊成兩人交往，她的朋友也完全搞不懂她在想什麼，怎麼會有人寧可選擇嫁給農夫，也不要和一個搭乘飛機、在世界各地旅遊的有錢人結婚？一個連水煮蛋都不會的都會女孩又要怎麼經營農場？可是愛情沒有界線，這一切都不重要。

　　那年夏天過後一年，我爸爸向我媽媽求婚，不到兩年，我就降臨這個世界；我出生後二十八個月，已有兩個

弟弟妹妹。三十六年後的今天，我的父母依舊幸福相愛，更是驕傲地擁有三個孫子的祖父母。

我自己的愛情地圖在腦中成形時，父母的故事當然扮演著關鍵角色。

腦部的愛情地圖

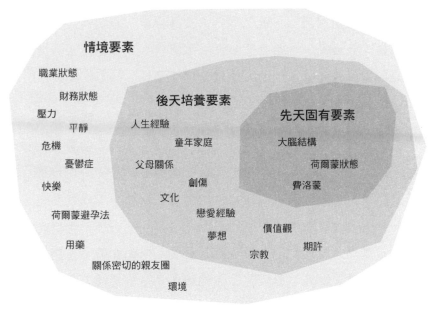

除非眾多不同要素同時間交互反應，我們才有可能墜入愛河。而我們大腦和腦部的愛情地圖也會不斷演進發展，讓你幾乎猜不到自己最終會愛上誰。

♡ 一見鍾情

　　我曾在長途飛行中和鄰座女乘客聊天，六個小時後，兩人已經聊起私事，她和丈夫初識的故事至今仍教我記憶猶新。他倆相遇時，她已和某人交往數年，也對這段穩定感情十分滿足，覺得自己很幸福。有天，某個帥氣男人走進她的商務會議，她的人生從此就變了樣。

　　她告訴我，在那之前從不相信一見鍾情，可是當這名男子在會議桌前坐下，她就明白這個人是自己的真命天子。他的出現讓她內心乍然有股著迷慾望的感受，同時卻又踏實而自在。她說這種人生圓滿的感受幾乎可以說是老掉牙，因為突然間一切變得很合理，而且她完全不覺得恐懼或焦躁，只感覺是理所當然的發展。開完會後，他們兩人一起喝了咖啡，那天晚上，她就正式揮別過往人生。她

和我分享這個故事時，兩人已經結婚十年。

———————————

　　墜入情網會先從對某個人感興趣開始。對一個人產生興趣的火花通常很難合理解釋或理解，而這種無法言喻的感受會讓我們想去深入認識另一人。你也許身在幾百人的大型會議中心，卻瞬間被某個人吸引目光；要是對方走過來，你可能剎那間充滿能量、忐忑不安。如果不敢上前搭話，那短暫一刻後的好幾年，對方的身影可能仍會停留在你的腦海中，揮之不去。

　　在演化生物學中，認為某個人長得好看就是所謂的「美感偏好」。而一個人的美感偏好取決於基因和種族背景、生長環境、性荷爾蒙指數、「市值」、繁殖策略和年齡等因素。

　　美感偏好可以顯示出我們會對某類型的人有興趣，卻無法透露我們最後會和誰戀愛交往。我們的視覺、其他感官、發展進化的大腦皮質都會讓我們更透澈分析潛

在對象。經過進一步分析之後,我們或許會得出對於這個人的不同結論,並且選擇和其他人約會交往。根據美感偏好分析,最後選擇的對象也許並不是我們一開始的首選。

光憑視覺信號、味道、聲音,大自然就可能喚醒我們體內強烈的神經化學反應。在交友軟體上,使用者可能滑過幾百張甚至幾千張用戶照片,某張臉孔卻瞬間讓他們停下動作,忍不住凝視並想認識對方。這背後的原因是什麼?我們怎麼可能會被陌生人吸引?

對於類人猿和靈長類動物,視覺向來是非常重要的元素,**因為我們獲得的外來資訊當中,有八成都是透過視覺取得的**。人類的視覺網路會直接連結其他感官,並且影響我們的思想和感受。即使我們沒有察覺,但光是視覺就能透露大量關於某個陌生人的資訊。接著,這些信號會傳送至大腦的原始區塊,通常也能決定是否喚醒我們的「性致」。這意思是,光是望著某個人,我們就可能感到窒息。

雖說情人眼裡出西施,但以普羅大眾的眼光來看,

有些人天生就是帥哥美女。

迷人女子生物學

　　研究顯示人類認為對稱的臉孔就是美。除了對稱之外，男性還會研究女性的臉部，藉此分析她們的荷爾蒙指數。柔和飽滿的五官、豐唇、小巧鼻子、高顴骨、窄下巴、乾淨臉龐似乎特別吸引睪固酮高的男性，因為這些面部特徵都是高雌激素、生育力、健康的象徵。

　　我們也能用生物學解釋化妝技巧。女性會運用化妝突顯臉部對稱、強化個人魅力，譬如粉底液可以均勻膚色，蜜粉和腮紅使得顴骨更突出，加強臉部五官的對稱效果。眼線和睫毛膏則讓雙眼看起來對稱圓大。眼影、腮紅、水潤唇蜜能夠營造出性感魅惑的假象。

　　男性能在女性臉龐上看出壓力跡象，壓力會降低性荷爾蒙，因而影響生育力。所以避免壓力就是增加外貌魅力的不二法門，保持健康的生活型態、適度運動、適當休息都是最好的美容妙方。

身體也會傳遞出女性健康和生殖能力的訊息。根據研究，世界各地的男性多半偏好腰臀比例落在 0.7 的女性，也就是所謂的漏斗身形。另外，長腿、散發運動氣息的健康外表、女人味十足的背部曲線也對男性具有致命吸引力。正因如此，女性在健身房的運動重點通常都是雕塑窄腰、打造蜜桃臀。至於胸部，有些人會藉由加墊胸罩或矽膠隆乳達到渾圓飽滿的效果。

高跟鞋可以讓女性雙腿顯得更加修長，並且強化臀部曲線。掌握穿上高跟鞋走路的技巧，就代表具有良美的協調性和對稱。快速掃一眼 IG 上追蹤人數最多的網美，馬上就能看出這些女性都很擅長強調自己的腰臀比例。另外，她們也很懂得無所不用其極地擺弄姿勢，運用相機角度和濾鏡製造身體對稱、飽滿的形象，讓世界各地男性的睪固酮濃度升高。

迷人男子生物學

研究顯示，眾人眼中的迷人男性具有男性化的五官特徵，而這樣的臉孔顯示出高度睪固酮濃度。飽滿額

頭、剛毅下巴、突出顴骨、粗眉最吸引女性。一般而言，女性偏好身高比自己高的男性，也會注意男性的寬闊肩膀和窄臀。通常擁有以上特徵、高度睪固酮濃度的男性都是電影主角，或是在球場上叱吒風雲，再不然就是為國家效勞的人物及企業家，而女性大老遠就能瞥見這些男性領袖。

至於擇偶，研究顯示男性臉孔和身體的對稱比女性更重要。與身體特徵對稱的男性親熱時，女性會有更多強烈高潮；研究顯示這些男性也比一般人提早四年開始嘗試性愛，更常隨心所欲地更換性伴侶。

健身和從事體力相關工作可為正確的身體部位增肌、強健男性體魄。一項研究指出，女性認為鬍碴是男性最為性感的特徵之一，所以男性可以蓄鬍子增強男子氣概。調查也顯示女性心目中的夢中情人往往坐姿慵懶自信，並且可以讓她們開懷大笑，帶給她們滿滿的安全感。

對稱為何這麼迷人？

研究指出，對稱的臉孔和身體都是良好健康與免疫力的象徵。外型對稱的人可能更有能力抵抗寄生蟲和有害微生物的侵害，因此能夠經由繁衍，將優良免疫力遺傳給下一代。雖然跟遠古時代的人類祖先相比，現代人很少死於細菌感染，但這個特徵仍然保留在人類的遺傳物質中。

情人腦裡出西施

美麗的事物不僅賞心悅目，也會刺激腦中的回饋中心。利用磁核共振進行的研究顯示，當我們看見美麗的事物，大腦某個內側眼眶皮質部位就會亮起，並在腦中釋放多巴胺。根據神經科學家塞莫・薩基的說法，音樂會刺激這個腦部區塊，而觀賞充滿美感的藝術作品或聆聽音樂也能帶來類似的愉悅感受。

當我們看見樣貌出色的人，腦中這個區域也會跟著啟動，同時釋放多巴胺。我們越是覺得對方好看，腦部

美麗面孔背後的對稱學

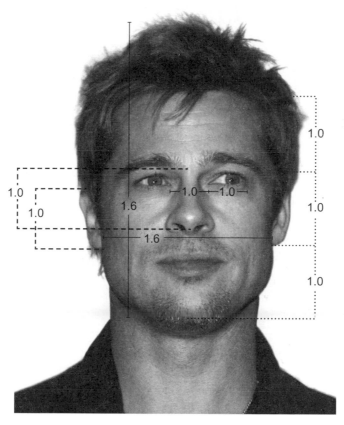

研究指出臉長與臉寬相除之後，理想比例應該落在1.618。

一張好看的臉孔被分成上中下三個部分後，三個部分的長度要相等。

鼻子和耳朵的長度應該差不多，兩眼寬度應該相同，眼距也應該和眼睛寬度相同。

反應就越激烈。多巴胺通常也會增加睪固酮釋放、激起性慾。所以說看見帥哥美女時，我們腦中就會觸發非常強烈的化學反應。

根據研究，看見美女時睪固酮濃度會上升，而這可能降低男性的言語技能，卻增強立體空間技能。或許這可以解釋為何男性看見迷人女性會結結巴巴，或是為何在運動場邊加油的啦啦隊可以讓運動員拿出更高表現。

啤酒效應

酒精會降低我們的判斷力，這種說法可以套用在我們對異性外型對稱的判斷上。要是我們喝得越醉，就覺得有越多人符合迷人標準。瞬間上升的自尊會降低我們搭訕他人的門檻，研究顯示，男性喝酒後亦會降低他們對女性外貌的要求，等到翌日清晨醒來，看到昨晚纏綿的對象才真相大白。

♡ 愛情並非真的那麼膚淺

如果你具有上述理想男性或女性的外表條件，恭喜你獲得基因頭獎！你非常可能登上雜誌封面，在外也可能輕易引來他人欣賞的目光。不過話說回來，絕大多數的人都不完美，體型尺寸各異，可能比較傾向梨形或蘋果身形，而不是符合生物學魅力標準的典型漏斗形。

即便我們的肌膚不那麼完美無瑕，體型也大不相同，我們還是有可能引起他人的興趣，也仍然可能找到生物學上與自己相配的另一半。完美外貌可能勾起他人的興趣，但也僅此而已；一抹自然的微笑、傳遞發送的化學信號、言談之間展露的真實性格、彼此的個人過往也很重要。

好人不一定會被發卡

根據研究，正在尋覓長期交往關係的男女都會受熱心提供協助的人吸引。不分男女，我們都傾向友善又有

些欲擒故縱的對象。尋覓一夜情的女性通常會看上行為較自私的男人，也許是因為女性想要一夜情時往往偏好散發領導氣息、睪固酮濃度偏高的男性。

身分、安全感、才華

人類在擇偶時會優先考慮自身和未來孩子的安全。在石器時代，男性向女性提供安全感的最好力證，就是獵捕最大獵物，藉此展現自己的強壯與勇敢。由於這種男人孔武有力，於是很可能選擇部落裡的第一美人為妻。就算到了現代，世界各地的女性仍會受成功、具有野心、教育程度高的男人所吸引。

如今，事業成功已經成為身分地位的首要指標，因為經濟穩定變成比外貌和力量更重要的安全感保證，更解釋了為何許多男女將人生大把時間耗在工作上。然而，金錢卻不是世界各地最重要的擇偶條件。

舉例來說，芬蘭人已經習慣享有優良的社會福利、免費健保和教育，芬蘭國內的社會安全網帶給國人紮實的安全感，也就是說，要是芬蘭人有嚴重的財務困難，

國家便能提供援助。這也是為何芬蘭女性替未來伴侶打分數時，可能和美國女性不同，畢竟美國人沒有同樣紮實的社會安全制度，享受不到同樣的安全感。

跨過芬蘭邊境後，俄羅斯的情況則是完全相反。對俄羅斯人來說，金錢和地位反倒是最重要的擇偶條件；擁有名貴跑車的俄羅斯男人，可能馬上就吸引女性目光和讚賞。反過來說，要是某個芬蘭男人投資一部跑車，很可能散發出花花公子的氣息，因此不會是女性結婚生子的安全選擇。再說擁有跑車的男性也給人一種可能外遇的印象，因為這樣的人很可能會在外勾搭其他女人。

心理學家傑弗瑞・米勒（Geoffrey Miller）指出，我們培養特殊技能為的就是贏得欣賞對象的芳心。音樂家、畫家、演員以及詩人常常具有強烈的性吸引力和戀愛體質，而才華洋溢、擁有特殊技能的人也常常是膝下子女成群。

聰明美麗卻落單

吸引我們的人通常會是智力程度與我們匹配的人，

研究顯示，男性在尋找一夜情對象時不太會在意對方的智力水準，反而會接近外表具有吸引力、看起來容易上鉤的目標，此外也會降低他們對年齡、運動能力、智力、幽默感、忠誠度的標準。凌晨時分，有頭腦又風趣幽默的美女可能會忍不住納悶，為何沒人對她表示興趣，這可能是因為男人都忙著將目標鎖定看似容易上鉤的女性。

剛從醫學院畢業時，我和一個同事在酒吧親自實測這個理論是否為真。要是我們告訴上前搭訕的男性自己真實從事的行業時，他們往往會摸著鼻子默默飄走，於是我們決定謊稱是空服員，看看事情會如何發展。結果男人明顯覺得空服員聽起來有吸引力多了，最後決定多逗留一會兒。

研究亦說明女性會從自己在酒吧裡能引誘到哪種男人，測試自己的市場價值。但和男人不同的是，尋覓一夜情時，女性並不會降低個人標準。當女性想和人「隨便」發生關係，通常不是真的那麼隨便，這往往也是一種測試對方是否為理想伴侶的方式。

♡ 肢體動作＝祕密語言

我們要怎麼知道對方有興趣？又該如何表達自己希望深入了解對方的想法？

根據研究，我們只需要一分半鐘的時間就能分辨一個人是否對某人有興趣。**第一印象是由肢體語言（55％）、語調（38％）、談話內容（只有7％）決定，因此在第一印象中，肢體動作占了主要因素。**

發現自己是否對某人感興趣很容易，但研究也顯示，我們較難判斷對方是否對自己感興趣。某份研究檢視單身女子在酒吧的行為，要知道女性是否對某個男性感興趣，可以觀察她靠向對方的角度，以及她有多常垂眼抬頭，與對方四目相接的頻率。女性感興趣時也較常撥弄頭髮、甩動秀髮，並且直接望入男性雙眼，瞳孔同時會稍微放大，示意對方她對他可能有興趣。

這時男性通常以為女生已經很中意自己，但研究顯示女性運用這些小技巧時，只是試圖先從對方身上取得

資訊。她可能會同時對好幾個男性重複這種動作，最後才認真挑選對象，這就是為何男性傾向在短暫交談後高估女性對自己的興趣。男性對女性感興趣時會直截了當地示好，女性則傾向低估男性對自己的興趣。

誰是真正對你有興趣、誰又只是想測試自我魅力，或許不是那麼容易分辨。人往往會低估自身行為對他人的影響力，一個對你展露微笑、與你熱絡交談、讓你感覺自己很特別的服務生，其實只是想做好自己的分內工作。即便如此，你可能還是會忍不住回到同一間咖啡廳，觀察對方的肢體語言是否透露出涵義更深遠的訊息。根據一份研究，戀愛中的人會比單身人士擅長讀出信號，發現某人是否真的感興趣。所以要是你被某人激起興趣，不妨問問你的已婚朋友，那個和你眉目傳情的人是否認真，也是個很好的方法。

和感情穩定的人調情

即使女性身旁有伴侶，男人仍會觀察她們的行為。要是女性不顧自己的伴侶，以眼神姿態傳遞她可能感興

趣的信號，男性就很可能會向她測試自我魅力。

戀愛中的女性從大老遠就能察覺到威脅，並且分析對方的肢體語言，看看對方是否對自己的伴侶真的有興趣。這就是為何男人都還沒注意到威脅，女性就已經先為另一個女人不開心。

微笑的力量

評判某人的感受只需要四十毫秒的時間，而微笑扮演非常重要的角色。法國神經學家吉拉姆·杜鄉（Guillaume Duchenne）曾進行了一份研究，結果顯示在男性眼底，女性的微笑特別具有個人魅力。杜鄉將微笑分成兩種類型：杜鄉微笑和非杜鄉微笑。杜鄉微笑會牽動眼睛周圍的肌肉，使得臉頰上揚，這種是真實正面的臉部表情。非杜鄉微笑則是由運動皮質牽動，屬於一種刻意的笑。這種微笑皮笑肉不笑，只會牽動嘴角旁的提上唇肌，眼睛四周的肌肉則是維持不動，不會給人同樣的正面感受，感覺也較不真誠。

現代人常常說非杜鄉微笑就是肉毒桿菌微笑，因為

治療皺紋的美容注射會抑制真實微笑。所以如果你正在考慮打肉毒桿菌，有一個問題很值得認真思考，那就是：你覺得哪一個比較重要，是眼睛四周一絲皺紋都沒有？還是能夠真誠微笑？

至於男性的微笑，研究結果則是相當矛盾。某個理論指出，比起微笑，驕傲剛毅的臉部表情更能吸引女性，因為這象徵著男性擁有成功和資源，可以保證孩子日後享有安穩未來。

儘管男人的微笑不見得會激起女性的「性趣」，然而以長久來看，微笑還是很重要。微笑顯示讓人感覺愉快，光是啟動牽扯肌肉的笑臉就能影響你的大腦化學反應、增添愉悅感受，所以還不快笑一個，感受一下微笑的效果！

大笑不僅療癒，還能拉近人與人之間的距離

為何大笑讓人心情好？大笑真的是最佳良藥嗎？

大笑確實會讓周遭的人釋放多巴胺、增加信任感。

一份研究亦顯示，女性大笑的機率比男性高出 126％。男性認為大笑的女性迷人可愛，而女性也喜歡能讓自己笑的男性。另外根據觀察，**女性和風趣的男性相處時也較容易大笑。**

大笑能降低壓力指數、改善免疫力、減輕肌肉緊繃和疼痛，還能拉近人與人之間的距離，形成社交聯繫，進而促進健康和安康感。因此大笑是許多問題的良藥，或許還能帶你成功走進某個男性或女性的心房。

♡ 氣味和感官

我有個朋友的阿嬤很酷，她優雅風趣、直率敢言，我們常和其他朋友一起拜訪她，她也喜歡有年輕人相伴。阿嬤會仔細聆聽我們生活中的小故事，為我們提供職場忠告，也針對我們剛萌芽的戀情給予建議。我在寫這本書時，特別想起她給其中一個女性朋友的建議。

當時這個朋友無可救藥地愛上某個根本不知道她存在的男子，阿嬤靜靜聆聽她的困境，最後傳授我們一招把男

祕技。阿嬤建議，如果想要吸引男人注意，可以把一根手指插入自己的陰道，然後像搽香水般把指頭輕點在頸部和手腕處，這樣一來就能讓男人為她莫名瘋狂！當時我只覺得這個建議很怪，把它列入《阿嬤瘋狂故事集》，後來才發現她的建議也許很有道理。

你是否曾在從未和某人說話或碰觸的情況下，對一個人產生強烈的肉體吸引力，就連平常的審美觀都無法解釋這種吸引力？其實是有一種可能解釋，那就是費洛蒙。費洛蒙是一種能讓我們與周遭的人甚至動物交流的小分子，通常透過汗腺分泌，不過其他身體部位也會分泌。這些細小無味的粒子猶如氣味飄浮在周遭空氣中，最後停留在鼻腔內部表面的嗅覺上皮，這時受體會向大腦發出訊息，讓大腦進行更透澈的分析。

哺乳類動物在發情和察覺危險逼近時，會透過費洛蒙和彼此交流。克勞斯‧魏德金（Claus Wedekind）是首位研究費洛蒙與人類擇偶是否存在關聯的研究員，他

的研究顯示，**費洛蒙也可能傳送有關人類免疫系統的資訊，藉此尋覓免疫系統和我們匹配的人。**

在我們的免疫系統中，基因裡的人類白血球抗原會協助我們抵擋病毒和細菌，並且分辨不屬於自己的陌生細胞。研究發現，人類白血球抗原不同的伴侶的性生活較為活躍，他們在性愛過程感受到的愉悅也更強烈，因此降低了偷情外遇的機率。當兩種不同免疫防禦系統結合，最後生下的孩子就可能擁有最優異的免疫系統。**在費洛蒙的輔助下，大自然會引導我們尋覓防禦系統與我們相配的人，並和對方結伴。**當符合條件的人接近我們，我們就會無法言喻地為對方吸引，並迫不及待想深入了解對方。

萊斯大學研究員周雯（Wen Zhou）和丹尼斯・陳（Denise Chen）在實驗中請女性嗅聞男性穿過的 T 恤。在那之前，他們先請男性穿上一件 T 恤觀看異性戀情色片，接著再換一件 T 恤觀看普通影片。當女性聞到觀看情色片的男性 T 恤，她們掌管性行為的區域下視丘出現了明顯變化。實驗指出，我們可以運用氣味傳遞訊息，告訴對方自己的性慾被撩撥喚醒，這種分子

也會影響腦部右側的梭狀區域，也就是管理臉部和身體評估的區塊。

睪固酮的代謝物雄二烯酮（簡稱 AND）顯示具有類似費洛蒙的效果，而這種代謝物尤其會自男性的腋下分泌。我主持的電視節目《Hehku》（意思是「發光」）其中一集講到費洛蒙，而我正好有機會測試 AND 的威力。我將大量 AND 濃縮汽化化合物湊到鼻孔前嗅聞，結果反應相當有趣，而且還被攝影機拍攝下來流傳好幾代。我聞到後兩頰泛紅，開始咯咯傻笑，感覺一股暖流流經大腦，將 AND 遞給我的演化生物學講師馬克斯·蘭塔拉（Markus Rantala）在那一瞬間也變得更帥了。

雌四烯醇（簡稱 EST）是性質類似 AND 的女性分泌化學物質，對男性的影響力與 AND 對女性的如出一轍。腦部掃描顯示 AND 對女性性慾中樞產生的效果，而 EST 也會在男性大腦造成相同反應。至於同性伴侶，接觸同性的化合物時他們也會出現這種反應。

杜克大學基因研究員松波宏明（Hiroaki

Matsunami）聲稱，與 AND 類似的分子對於不同人具有不同效果，而現代研究員的基因研究重點就是解釋其中差異。值得注意的是，這只是數百萬顆可能讓我們傳遞訊息的其中一種分子，所以他們的研究都是為不同分子量身訂做，不過能了解為何某些人對氣味的反應比較強烈還是很有趣。

研究顯示女性陰道分泌物具備一種叫做交配信息物（Copulines）的化合物，女性可能就是運用這種化合物發出排卵信號。以科學角度出發，我朋友阿嬤提出的氣味忠告指的很可能就是這種用於溝通的化合物。

單身時感官更靈敏

多項研究指出，戀愛中的人比較不會花時間觀察異性，對於異性的魅力，分數也打得比單身人士嚴格。某項瑞典進行的研究表示，戀愛中的人嗅覺會改變，意思是當我們墜入情網，就比較難察覺異性的費洛蒙。

你可以觀察剛結束長期交往的朋友，看出費洛蒙對

他們造成什麼樣的改變。之前全心全意投入一段感情的女性，這下會突然再次留意周遭男士，四處尋獵有意思的目標。**科學證實人在單身時會覺得很多人特別有魅力，談戀愛時眼中卻只有自己喜歡的人。**

♡ 祕密就藏在一個吻裡

你是否曾經好奇，要是親對人，親吻為何這麼銷魂？還是這只是妓女不肯親吻顧客的迷思？接吻時究竟會發生什麼事？

經典電影《麻雀變鳳凰》（Pretty Woman）中，茱莉亞・羅伯茲（Julia Roberts）飾演的女主角薇薇安是在街頭接客的應召女郎，某次她和同事兼姊妹淘凱蒂在飯店花園時，凱蒂看得出薇薇安戀愛了，於是逼供她是否親吻對方。薇薇安最後總算坦承她忍不住親他，當下這兩人都知道薇薇安完蛋了，她讓情感戰勝了理智。

但是反過來說，你可能會碰到一個可以讓你開懷大笑，而你也非常心儀的優質對象，對方似乎對你有意

思，一整晚相處下來，彼此的好感也越來越深。

約會即將結束，他散步送你回家，接著深深望入你的雙眼，身體緊貼著你，兩人的臉龐越靠越近，最後你們雙唇輕觸……

可是，這個吻並未點燃你體內一絲火花。你後退一步凝視著對方，似乎有什麼不一樣了。你道了聲晚安、關上門，心知肚明再也不會和他接吻。這是什麼情況？

嘴唇透露出生育力

親吻在人類擇偶中扮演相當重要的角色。許多靈長類動物也會親吻，但人類的吻比其他哺乳類動物意義重大。和某個自己有「性」趣的人交談時，我們通常不會只凝望對方雙眼，也會注意他們的嘴唇。

紅潤、豐腴、對稱的嘴唇就是女性睪固酮濃度高的象徵，意味著健康生育力。動物學家德斯蒙德‧莫里斯（Desmond Morris）認為，對男性來說豐潤紅唇極具吸引力，因為這種嘴唇很類似女人性興奮時的陰唇。

女性想要暗示男性自己有意思時，或許會咬唇或用手指碰觸嘴唇，甚至可能連自己都沒注意到，不自覺地做出這些動作。這樣的舉動會讓男人注意她的嘴唇，千禧世代的女性會使用唇蜜和唇膏增添迷人風采，據說就連在遠古的蘇美女性都會用寶石粉末點綴並強調雙唇。

　　醫美手術也為眾多擔心自己嘴唇不夠豐腴的女性推出微整型填充劑，可惜的是這種美容針常常弄巧成拙，變成對男人毫無吸引力又不自然的厚唇。刻意強調嘴唇的嘟嘴姿勢，也就是所謂鴨子嘴，在社群媒體上也成為一種常見現象，想來也不教人意外。可見世界各地的女性都懂得運用這種原始手段，向異性發送個人生育力強的信號。

　　嘴唇是觸覺最敏銳的人體部位之一。接吻時需要運用 34 條臉部肌肉、112 條身體肌肉，臉部肌肉、皮膚表面及舌頭會透過臉部神經，傳送信號至大腦的感覺皮質區，並使用這些信號形成接吻觸覺。

　　除了觸覺，人會在接吻時分析伴侶的唾液成分和氣味。唾液含有關於對方健康、飲食、生活型態的資訊，

譬如抽菸或某種藥物的組成成分可能會影響唾液味道，口腔黏膜發炎和牙菌斑往往讓唾液味道不好，發出接吻對象健康狀態不佳的訊息。

我們的大腦會利用親吻進一步分析伴侶的遺傳物質和防禦系統，結果若顯示兩人的基因相配，酬償中樞就會釋放多巴胺。除了多巴胺，酬償中樞亦會釋放讓瞳孔放大、心跳加速、促進血液循環的正腎上腺素，導致粉頰緋紅、呼吸急促。此外，肢體親密接觸也會增加催產素和升壓素釋放。

各種幸福荷爾蒙的大雜燴讓親吻感覺美妙，過程中也不斷交換資訊。另外，唾液內含有啟動性慾的睪固酮，這也說明了為何親吻通常是性行為的前戲。

傳導物質的釋放可以解釋為何美好的親吻感覺這麼銷魂、親吻某個人會上癮，因為親吻具有與烈性毒品相同的傳導物質。

我們可以加強個人的接吻技巧、改善口腔衛生、改變生活型態，卻改不了自己的遺傳物質。女人尤其能在第一次接吻後就清楚一段感情是否有將來，俗話說「除

非親遍青蛙，否則找不到王子」，這句話具有嶄新的科學意義，可能真的要多親幾個人，才找得到完美的遺傳伴侶。

接吻時會交換大量訊息，釋放可能立刻上癮的化學物質，專業科學家都知道這一點，所以娼妓總覺得接吻比性愛親密，才會堅決不親吻顧客的嘴。

所以千萬別忘記，**接吻不只是一種無意義的機械式動作，反而是讓你找到合適伴侶的基因測試，也可能令你無可自拔地愛上沒用的軟爛男。**

多親一點

親吻顯示對感情具有正面效應，研究指出經常親吻的伴侶比較快樂。在長期交往中，親吻並不會引發強烈的多巴胺釋放，但是親吻卻有助催產素、升壓素、腦內啡的持續製造，這些混合物質可以讓人心情愉悅，並且強化伴侶間的親密與信任感。再說研究亦發現親吻能降低壓力指數、改善睡眠品質，也能幫助消耗熱量、安撫心靈、增進存在感。現在正面冥想和瑜伽正流行，也許

多親一點對我們都有好處！

對單身人士來說，溫暖的擁抱也可以取代親吻。一個深深的溫柔擁抱也能釋放幸福荷爾蒙、降低壓力指數，抱抱朋友、小孩、寵物能安定舒緩壓力，觸摸也顯示能提升疼痛門檻。所以要是有人正處於劇烈疼痛，我們不該小看主動去牽對方的手可以帶來的效果。

♡ 性愛的威力

一個完美的吻會激起狂野激情的慾望浪潮，才一眨眼，兩人就開始撕扯對方的衣服。性愛感覺自然、熱烈、溫柔，他們本來以為只是一夜情，但性愛過後慾望餘燼持續燃燒，沒多久，他們又相約見面。

氣味和接吻讓我們測試彼此之間的吸引力和基因是否相配。如果兩人的免疫系統恰好互補，腦中釋放的荷爾蒙就會形成強烈的性慾望。

就我們所知，性愛的終極目標就是讓卵子受精、繁

衍下一代。由於性愛是創造新生命的方法，大自然會竭盡所能地利用性愛讓伴侶離不開彼此，才能更好地照顧未來的孩子。

做愛會影響多巴胺、血清素、腦內啡的釋放，帶領我們進入戀愛的第一階段。我們常說「有性無愛」，可是其實很少真的只有性，我們腦中啟動的荷爾蒙變化可能出乎意外，讓我們馬上就離不開性伴侶。

性愛的種種效應

你上一次做愛是多久以前的事？你還記得性愛是怎麼影響自己的心情和身體嗎？除了受孕，性愛還會帶來其他效應，啟動各種大腦反應，光是肢體碰觸和肌膚相親就能引發催產素和腦內啡釋放，觸摸性器官和乳頭則會促進釋放催產素和升壓素，帶來更多刺激感受，而這些荷爾蒙不會在性交和高潮過程中消失。

男性大腦會釋放大量升壓素，女性則是催產素，這兩種荷爾蒙主要能打造信任、愛情、親密，高潮亦會釋放令人放鬆的泌乳素。

性愛過後，荷爾蒙造成的恍惚暈眩，可能讓你想時時刻刻望入對方的雙眼，男性則變得更有同理心及慷慨。伴侶可能會產生濃烈的親密感受。性愛也會提高睪固酮的濃度，因而提升在戀愛第一階段十分關鍵的多巴胺指數。

　　只有三分之一的女性可以經常透過性交達到高潮，然而年過二十五歲的女性會變得比較容易高潮。研究指出，女性高潮會提高受孕機率，因為高潮時子宮頸會打開，而骨盆底及陰道肌肉的收縮，則可協助引導精子進入輸卵管。要是遇到比例對稱、外型帥氣、免疫防禦力相配的男性，女性的高潮機率可能會增加。儘管如此，高潮可能是大自然保證最優質精子抵達卵子的方法，要是男性能夠持續讓女性達到高潮，他就能提升自己在她眼中的形象，而她也可能更離不開他。

　　蘇格蘭心理學教授史都華・布洛迪（Stuart Brody）表示，高潮能改善感情關係的品質，尤其是性交高潮。布洛迪說，性交高潮會提高帶來滿足感的泌乳素，而這種滿足感會讓我們想再做愛以增加受孕機率。德斯蒙德・莫里斯認為，女性要是在性交過程中難以達

到高潮，就可能會轉而尋覓其他更耐心聰明、願意努力學習滿足她們的伴侶。

精子中的荷爾蒙

多巴胺、正腎上腺素、睪固酮、雌激素、濾泡刺激素、黃體化激素、β- 腦內啡

研究顯示精子能影響心情，含有多種可以緩解焦慮和憂鬱症、改善睡眠品質的荷爾蒙，也可能增進活力、改善記憶力和專注力。另外精子也能舒緩疼痛、強化戀愛反應。研究亦顯示，精子可能讓女性更主動帶領性愛，並且幫助維持懷孕狀態。經常接觸精子或許真能避免許多問題，可以讓人保持心情活力充沛、促進健康和幸福感受。

性愛可以防護，也很療癒

在許多方面，性交皆對健康有益。一份研究發現，高潮有類似藥物的功效，性愛能減輕壓力和焦慮、增強免疫力。平均來說，性生活活躍的人確實比較健康，證據亦指出性愛能降低血壓、減少心臟病發的風險。

以女性來說，性愛能保持骨盆底肌肉的良好狀態，避免小便失禁。至於男性，經常射精可以避免前列腺肥大，也可預防前列腺癌。研究亦顯示高潮能減輕疼痛，也能治療失眠，而最優質的性愛也是一種多功能的體能運動，可以改善末梢循環，讓皮膚變得光滑。性愛會啟動性荷爾蒙、刺激性衝動，意思是越常做愛，你就越想做愛。

三十如狼現象
和好萊塢名流婚姻破局背後的科學

性驅動力會隨著年齡改變，而這點可能會成為感情問題，畢竟女性性慾會在三十歲後劇烈成長，並在四十

歲生日前達到巔峰；男性的性慾則是在二十多歲達到高峰，在那之後逐年遞減。由於二十歲之後，游離睪固酮濃度開始減少，因而導致男性的性驅動力減弱。

然而每個人的性驅動力不同，所以很難光憑兩人的年齡來預測性驅動力是否相配。

這張圖表顯示的是一般情況下，二十五歲時，女性的性驅動力明顯低於男性，而女性和男性的性驅動力在三十五至四十歲時可能配合得最好。

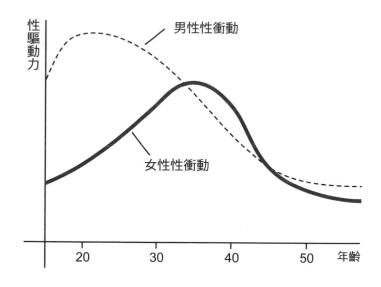

五十歲的男性性驅動力和二十歲的女性通常很相配，同樣地，女性的性驅動力在三十歲尾巴達到高峰，通常和二十幾歲的男性差不多。

　　這足以解釋「三十如狼」的女性渴望年輕男子的現象，也解釋了為何有些五十歲的男人會追求二十歲的女性。他們追求的未必是年輕回春的感受，而是尋找跟他們「性致」相近的伴侶。

　　睪固酮濃度高的男性常常會在人生後半段，荷爾蒙活動下降才認真談感情，也許這就是為何兩次獲選世界最性感男人頭銜的喬治·克隆尼（George Clooney）等到五十多歲才結婚。

　　數據顯示好萊塢巨星的婚姻通常在妻子獲得奧斯卡金像獎後畫下句點。性荷爾蒙也許可以解釋這種現象，當妻子的職業生涯如日中天，她的萬丈光芒殘酷地壓過丈夫，男性的睪固酮濃度可能因此下降。這時，一段感情可能會面臨各種身心挑戰，最後破局收場。

想要來一場美好性愛，哪種比較好：
肉體契合或是心靈結合？

基因完美契合會引發強烈的肉體吸引力和慾望，所以我們可以說，基因就是美好性愛的基礎嗎？

根據調查，在長期交往關係裡，強烈的心靈連結就是美好性生活的關鍵元素。就算是短暫交往也一樣，要是女性尤其認為一段感情有將來，性愛就會更美好。

正如先前所述，身體親密和性愛可以促進緊密情感，基因契合度高的話，愛侶之間的性愛頻率就會提升。所以說美好的性生活能促進心靈連結，進而帶來更美好的性愛，這種相輔相成就是長遠幸福感情的祕密。

根據一份研究，如果男性在戀愛初期就幫忙家務，情侶間的性愛次數可能就會減少，但換作是長期交往的感情關係，結局卻是相反。在感情初期遵照傳統的性別角色或許可提高性荷爾蒙，但是長期交往的關係中，由於神經化學逐漸穩定，伴侶也進入感情階段，所以公平分攤家務能減緩壓力，促成更高的滾床單頻率。

情色片有什麼問題？

我小時候和朋友在某座小島的木柴間內發現一本情色雜誌，偷偷翻閱圖片的感覺很刺激，那些圖像也在我腦中揮之不去。青春期時，我們會偷翻男生從父母那裡偷來、書角已經翻到翹起的褪色雜誌；長大後開始談戀愛，想看情色片則是得鬼鬼祟祟溜到影片出租店的十八禁區。這種興奮刺激的感受只能維持一晚，隔天又得把錄影帶拿去出租店歸還。有的人覺得去情趣用品店太尷尬、情色電影又太貴，可是對許多人來說，成人娛樂是愛情生活中一種稀有的增味香料。

網路發明後，情色片變得唾手可得，而現在有了無線寬頻，我們就能用手機和電腦隨時在床上、公司甚至停在路邊躲在車內觀賞。根據預測，光是美國每年造訪情色網站的成人就多達四千萬，其中 72％是男性、28％是女性。

研究顯示，現代孩子開始觀看情色片的年齡層有愈漸下降的趨勢。一份英國研究指出，十二到十四歲的孩子當中，每十個人就有一人擔心自己對情色片上癮。情色片成了現代男女孩初次接觸性的管道，進而造成課業表現和外貌方面相關的焦慮，增加憂鬱症風險。

情色片快速強烈的視覺刺激，也讓很多人的大腦變得遲鈍。美國歌手約翰・梅爾（John Mayer）曾經這樣描述個人經驗：「有陣子我還沒跳下床，就可能已經看過三百個陰道。」

男性觀看情色片的速率飆速成長，引發一種新型態的勃起障礙。本來身體健康的男性大腦充斥著露骨煽情的影像，兩人之間自然發生的親密與性交，再也不足以激起性興奮和勃起反應。另一個趣事就是多虧網路情色片大受歡迎，這一個世代的人恐怕是第一個主要以左手自慰的年代，右手則忙著滑動瀏覽畫面。

謝天謝地，觀看情色片的勃起障礙還有得救，一般來說，只要停看情色片兩個月，大腦就會恢復正常狀態。

無論如何，少量情色片對感情關係還是有好處，一起觀賞情色片的興奮刺激感受能提升多巴胺指數，視覺刺激則會釋放睪固酮、激起性興奮。

Chapter 5

尋找失落的
另一半

....

我們的慾望和後天習得的美感偏好決定
我們會愛上誰，
目前的人生狀態和結識地點也可能影響
我們愛上什麼人。

Matching Halves

我巧遇一個老朋友，一個開朗勇敢、我向來努力朝她看齊的女子。上一次見到她已經是一年前的某場派對上，我還記得這個朋友當時穿著一襲飄逸的低胸紅洋裝，踩著破舊球鞋翩然起舞，裙襬在身後華麗搖擺，金髮則是狂野地流瀉肩頭，大笑的時候雙眼閃閃發亮。

　　時隔一年，今天的她變了一個樣。現在站在我面前的還是同一個人，只是內斂許多。她的髮色深了好幾個色階，以髮夾固定在腦勺後方，身穿一襲幹練保守的洋裝，脖子上掛著一條珍珠項鍊。她的微笑沒有變，雙眼一樣亮晶晶，可是現在的她墜入情網，新男友來自一個截然不同的社交圈。她告訴我，他們會去打打小白球、開船出海、前往他工作出差的地點旅行，也常相約看歌劇。我們聊天時，她正好要接一通電話，這時我才注意到她的手機殼。手機殼上面貼著某個長青搖滾樂團標誌的貼紙。看到時，我忍不住露出微笑。

♡ 相愛有對的時間、對的地點嗎？

我們的慾望和後天習得的美感偏好決定我們會愛上誰，目前的人生狀態和結識地點也可能影響我們愛上什麼人。我們可能會在網路上遇見平常在酒吧裡看都不看一眼的對象。要是你正好剛結束一段無聊又打安全牌的感情關係，很可能會渴望來點冒險，談一場轟轟烈烈的戀愛。黃湯下肚後，本來不覺得迷人的對象也可能頓時變得有意思多了。

如果你所處的生活環境與處境都和平時有著天壤之別，可能會迷戀上某個事後讓你摸不著頭腦的莫名對象。幸好認清自己的處境和心智狀態，你就能克服這種脆弱時期，避免踏入一段在正常情況下絕對不可能進入的感情關係。

欲擒故縱的男人

我有個男性友人告訴我，早在很久以前他就解開了

把妹密碼。這個樣貌平凡的男人總是能把到單身市場上最優秀出色、美貌腦袋兼具的女人。他的訣竅就是盡可能表現紳士友善的態度，並且對每一個和自己約會的女性展現出真摯興趣，另外，他也擅長把她們逗得哈哈大笑。不過與其邀她們上床，他反而發送出自己只把她們當朋友的信號。他發現這會讓女人為之瘋狂，無所不用其極地想辦法讓他愛上自己。

很多人喜歡挑戰，而當我們的多巴胺激增，就能專注達成目標。就女性來說，這裡所指的挑戰就是征服眼前的男人，欲擒故縱則通常是女性釣男人的慣用策略。

完美約會

要是以科學觀點出發，怎麼樣才是一場完美的約會？兩人可以一起去體驗某種刺激活動，激起兩人的多巴胺；去攀岩場地約會或是一起高空彈跳，絕對能讓兩人感情迅速升溫。其他運動場所和體育館都是結識朋友的好地點，因為在從事自己喜愛的活動時，人往往會展現出最真實的自我。在這些情況下，不會有讓人分心的

精緻裝扮、完美妝容、酒精，而共同揮灑汗水可能加速熱戀感受。

如果兩人都愛看電影，可以挑選最精彩刺激的電影促進多巴胺產生。看完電影之後，晚上接著在昏暗燭光的環境來場約會，這樣的環境能讓瞳孔放大、強化浪漫氛圍。安排在意想不到的地點野餐之類的驚喜約會，也可促進腦部的多巴胺活動。

♡ 領導者身邊需要一個協調者

處於人生某個階段時，我開始納悶為何自己總是和領導身分的男人談戀愛最自在。關於這點，海倫·費雪的人格測試（Helen Fisher's Personality Test）算是幫我解惑了。根據費雪的測試結果，我的第一人格是需要與領導者搭配的協調者，另外我也比較傾向開拓者，而不是建設者，所以我和其他開拓者相處起來比較自在，畢竟他們的思想也很開放，和我一樣想要體驗及接觸全新事物。

費雪針對將近四萬名實驗參與者展開大規模調查，並利用調查結果，根據實驗對象的血清素／多巴胺、睪固酮／雌激素指數，將人分成四種人格類型，共有：開拓者、建設者、領導者、協調者。

開拓者和建設者

　　開拓者的主要神經傳導物質是多巴胺。這類型的人總是在尋找刺激，他們喜歡旅遊、天生愛交際，通常也深具創意、個性衝動、喜歡新奇體驗，對人生抱持正向樂觀的看法，比較不那麼井然有序。和建設者相比，開拓者比較常冒險，也比較容易和伴侶分手，分手後馬上又投入一段新感情。開拓者和不同伴侶養育孩子的機率也較高。

　　建設者的主要神經傳導物質是血清素。他們喜歡將重心放在家庭和家人身上，往往和同一個伴侶養育許多小孩，不太常換工作，人格特質包括謹慎、傳統、勤奮。另外，他們的責任感和道德觀念強，思維模式有條有理又講求實際，這些都是典型的建設者特質。開拓者

喜歡漫無邊際、天南地北地聊天，而這點讓建設者覺得很厭煩。

你或許已經從以上的描述得出結論，那就是開拓者一般和其他開拓者相得甚歡，而建設者則喜歡和建設者交朋友。

領導者和協調者

領導者的主導荷爾蒙是睪固酮。他們能在職業生涯和其他目標上展現出決心、毅力及專注力。一般來說，領導者直率、理性、果斷，擁有專門技術和數學技能，已經辭世的蘋果公司執行長史蒂夫·賈伯斯（Steve Jobs）就是領導者人格類型的好例子。很多領導者都具有優異的空間知覺技能和專注力，也因此許多知名作曲家、音樂家、足球員都是領導者。費雪的研究發現有24.8%男性和9.7%女性屬於領導者。

協調者的雌激素指數通常較高。他們常常能看出一件事情的全貌，具備良好的社交技能，通常也具有同情心。協調者擅長從字裡行間讀出意思，也能從現有知識

中摸索出意義。他們的直覺往往強烈，對其他人和情感層面深深著迷。我很明顯是協調者，也許這就是為何我對愛情這麼感興趣。而我開拓者的這一面則帶領我踏入科學界，讓我心甘情願接下寫書創作的新挑戰。

根據費雪的理論，領導者應該和協調者配對，這樣兩人才能在感情中盡情發揮自己的角色。

開拓者（26%）：活力四射、深具冒險精神、停不下腳步、堅定不移、具有遠見
主導神經傳導物質：多巴胺

建設者（28.6%）：重視道德、家庭觀念強、傳統保守、細心、謹慎規劃
主導神經傳導物質：血清素

領導者（16.3%）：聰明機智、技術超群、直率、果斷
主導性荷爾蒙：睪固酮

協調者（29.1%）：想像力豐富、情感濃烈、尋求親密感受

主導性荷爾蒙：雌激素

　　簡言之，多巴胺和睪固酮濃度高的開拓者／領導者深受多巴胺／雌激素指數高的開拓者／協調者吸引。這類組合的情侶可以享受一起旅行，也會共同接下各式各樣的挑戰。他們熱衷嘗試新奇事物、共同冒險。由於深具冒險精神，他們很可能比其他人更快就對一段感情失去興致，也更可能外遇偷吃，分手機率也相對提高。

　　居家型的協調者具有高血清素和雌激素，適合他們的理想伴侶是居家型、神經傳導物質也是血清素的建設者。這樣的伴侶喜歡寧靜安穩的日常生活、規律秩序，他們並不需要驚喜，也不喜歡衝動行事，反而喜歡逐步打造自己的家庭事業。這樣的特質很適合為長期交往奠定基礎，他們也往往和同一個伴侶養育成群子女。

　　當然所有人都具備這四種人格類型的特質，只是每個人都有深深影響自我性情的第一和第二人格類型。說到感情關係，我們的人格類型會引導自己主動接近某些對象。

所有人格類型對於感情的期許都不同，對於約會交往的感受也不同。約會時，開拓者常常會找有趣的玩伴，建設者想找的是一個可以共同打造家庭的對象，領導者深受口才優異的人吸引，協調者則是想要一個靈魂伴侶。

　　即使人格類型大不相同，彼此也能教學相長，我有兩個已婚朋友就是完美典範。妻子很明顯是協調者／開拓者，先生則是強大的領導者／建設者。這個保守的建設者老公先前並不怎麼喜歡旅行，對他而言衝動做決定更是惡夢一場，但是多虧他的開拓者老婆，現在他學會享受旅行，甚至可以說走就走，臨時跳上飛機。另一方面，建設者老公也能讓開拓者老婆安定下來，懂得享受日常生活的穩定。

睪固酮測試

　　我們在子宮內接觸的睪固酮越高，無名指就越比食指長。領導者的無名指通常比較長，而協調者則是食指比較長，或是和無名指等長。

你屬於哪種多巴胺類型？

我們的多巴胺指數天生就是非高即低，「高多巴胺」的人常常從無足輕重的小事中尋找意義，好比印刷在茶包標籤上的格言。這類型的人很容易興奮，也喜歡嘗試新鮮事物和旅行。「低多巴胺」的人不太理會茶包格言，理性才是他們的信仰，也不追求什麼轟轟烈烈的體驗。

對於愛情的感受，這兩種類型的人也明顯不同。高多巴胺的人愛情觀念偏向浪漫，喜歡猶如雲霄飛車般的情緒起伏。低多巴胺的人則是即使談戀愛，行動也偏向保守，他們在一段穩定感情中可能幸福得更久。

我們可以從觀察一個人的眼睛看出對方的神經化學構造。根據研究，虹膜的脊紋和隱窩可能透露出你的性格類型。脊紋豐富的人屬於性格衝動的類型，他們喜歡按照自己的慾望想法行事。隱窩則代表協調者的特質，生性可靠又感情豐富。

我們也發現多巴胺可能讓一個人的臉部表情更靈

活，因此臉部肌肉也能透露出我們的人格類型和傾向。

♡ 如出一轍或南轅北轍

我們尋找的伴侶通常是遺傳訊息相近卻和自己不同的人。認知心理學家大衛‧佩雷特（David Perrett）說，我們傾向愛上長相與自己相近的人。佩雷特進行一項調查，先以數位形式將受測者的容貌改成異性，接著要求受測者從眾多圖像中挑出他們認為最有魅力的臉孔。結果儘管分不出哪一張是用自己的臉改成的圖片，所有受測者都選擇以自己的長相進行修圖的臉孔。

研究亦發現我們在尋覓伴侶時，會去找讓自己想起父母或是與童年時期的自我相近的人。我們常常會受外貌與父母相像的人吸引，女孩會找和自己父親相似的對象，男孩子則是找和母親相像的人。觀察一下自己是否也是這樣擇偶的，最後答案可能很有趣。

免疫系統和自己不同，價值觀和個性卻相近的人通常最吸引我們；種族背景、智力、幽默感、社交技能、

嗜好相似也具有吸引力，要是我們的潛在伴侶擁有類似的經濟背景、宗教信仰、政治觀點，甚至更加分。

但若是彼此太相近，兩人之間反而可能失去性吸引力。研究顯示，常年玩在一起的青梅竹馬長大後卻很少愛上對方。

♡ 我們為何會愛上不對的人？

正如前文所述，研究說明嗅覺在吸引力、挑選伴侶上扮演舉足輕重的角色。我們可以透過費洛蒙的交換，了解對方的免疫防禦系統、健康、荷爾蒙狀態等資訊，**然而氣味卻無法告訴我們一個人的個性、價值觀、對方是否有照顧家庭的能力**。外貌和氣味是可以讓你找到基因契合、接吻和性愛都很美妙的對象，強烈的肉體契合也能讓你和另一人建立情侶的親密關係，但氣味和肉體吸引力卻也可能讓你對某個錯誤對象欲罷不能。

墜入愛河和戀愛初期的飄飄然會讓你的荷爾蒙激增，但正因為荷爾蒙作祟，你看不清危險信號，只覺得

戀愛對象似乎從頭到腳都完美，即便親朋好友都試著警告你對方可能有問題，你還是盲目相信對方就是自己的靈魂伴侶。想要避免愛上錯誤的對象，最簡單的方法就是別太躁進，先盡可能地放慢腳步認識對方，再和對方發生關係。

我深信老掉牙的追求文化，也認為這項傳統值得復甦。敞開心胸交談、共同從事活動、慢慢花時間去認識一個人，而不是一味被荷爾蒙牽著走，我相信這麼做才有可能找到真正適合自己的伴侶，也可以避免熱戀期逐漸退燒後的錯愕與失望。但話說回來，一夜情有時反而可能讓人中大獎。

♡ 我們的腸胃與真愛

想到心儀對象時，為何偶爾會有腸胃不適的現象？約會時要是沒有胃部翻騰的感覺，應該擔心嗎？我們的腸胃會知道誰是「真愛」嗎？

我在腸胃手術科工作的期間，對於人類腸胃的運作

及腸道菌群是怎麼影響健康特別感興趣。腸子是人體最大的感覺器官，腸道表面的微生物是人體器官細胞的十倍。這些渺小微生物對我們非常重要，腸道微生物體主要透過傳導物質和神經，與我們的腦部溝通，這就是所謂的迷走神經。這種腸道細胞會在我們的體內製造95％的血清素和50％的多巴胺，雖然這兩種荷爾蒙不能直接抵達大腦，大型研究仍指出**腸道平衡似乎會影響我們的情緒，而我們的情緒則是很容易影響感情關係。**

什麼是取決哪種細菌在我們腸道最自在舒適的要素？基因遺傳、出生狀態、人生前幾個月的飲食都會影響我們的腸胃，另外，當前營養及我們所接觸的微生物、我們讓腸胃休息的時間長度也很重要。每次服用抗生素都會殺死體內許多細菌，之後才再慢慢建立菌群平衡，而攝取營養、益生菌、平時的生活型態也會影響菌群平衡。

壓力也會直接影響我們的腸胃，當人體系統進入「戰或逃」模式，腸胃就沒有消化的時間。由於大腦和肌肉需要體內所有熱量，所以會向腸子借用熱量。壓力似乎也會對腸道菌叢造成影響，而某幾種細菌在壓力環

境下存活率較高，這種體內變化可能導致我們在長期壓力結束後，好一陣子仍走不出低迷情緒。

動物實驗亦顯示，腸道菌叢改變，動物的性格也會改變。腸道菌叢植入會讓本來個性羞怯、沒有安全感的老鼠變得膽大而好奇，雖然目前沒有類似的人體實驗，但我敢說你八成也注意到胃部生病康復後，你偶爾有一陣子會感到低迷。

發展最發達的腦部部位——大腦皮質是最終決定要素，讓我們可以依據不同情境做出反應。腸道的神經細胞只會按照情境反應，當你遇到某個大腦早已遺忘多年的人，或許腹部會出現一陣刺癢的感覺。雖然這並不能保證對方就是你的「真愛」，但你的腸胃似乎覺得這段感情值得一試。

初次約會的胃部翻騰暗示著興奮感受，就這個情境來說很正常，然而如果你的約會對象一開始就讓你充滿安全感、相處起來自在舒適，你的腸子能正常運作，意思是你其實不應該擔心沒有胃部翻騰的感受。

愛情荷爾蒙發作時，你的腸胃往往會有一段時間無

法如常運作，你很可能因此失去食慾。愛情是一種胃部也感覺得到的情緒，剛墜入愛河時，你可能會沒注意自己體重降低；但是等到兩人關係發展到舒適自在的狀態，兩人窩在家裡安靜啃披薩吃糖果配電影也變成常態，到時體重就會慢慢回來。

♡ 美好感情的基礎

愛情通常不合邏輯，卻很值得仔細思考：你想從一段感情中獲得什麼？如此一來才能微調愛情地圖至更好的狀態。

研究顯示，以下要素即是感情的良好基礎：

一、性格相配、幽默感相近。笑聲是最佳良藥，感到壓力時大笑可以幫助你放鬆，對所有人際關係都有好處。

二、相似的價值觀和人生態度。雖然相反特質可以互補，然而彷彿南北兩極的樂觀和悲觀主義者卻很難同

進同退。

　　三、相同興趣和嗜好。興趣和嗜好不同的話，兩人就很難找到共同話題或一起進行的活動。但也千萬要記得，一起進行嗜好或活動時，兩人的互動比嗜好本身更重要。

　　四、濃淡相當的愛情。要是其中一人老愛黏在一起，但另一人很需要自己的獨處空間，感情關係就比較可能不穩定。

　　五、工作和休閒時間的觀念接近。要是男性期待娶回一個顧家好老婆，老婆卻開始經營自己的事業，可能對男女雙方都是一大挑戰。

　　六、類似的性驅動力。美好性生活是長久感情關係最重要的元素之一，要是兩人對於性愛的興趣和想法不同，就可能浮現感情危機。再說如果性愛美好，我們就比較可能視而不見其他問題。

　　感情中最重要的還是兩個人的期待值，如果期望不切實際，就會不斷失望。無論選擇完美伴侶時有多謹

慎，都別忘了一段感情中難免出現難關，要是尋覓長久刺激必定會失望，但要是期待符合實際情況，兩人的進展就會順利許多。

♡ 大腦的愛情地圖終其一生都在變

我們大腦的愛情地圖終其一生都在改變。年輕時，我們往往會跟著直覺走，讓費洛蒙主宰自己，輕而易舉就喜歡上一個人。這是因為年紀輕輕的我們還沒有成家的壓力，所以不會浪費時間去做不必要的分析，也還沒有前幾段感情的包袱，尚未心碎一地。意思是說在一般情況下，我們毫不猶豫也不多加分析，就照著自己的直覺走。

可是等到年近三十，情況就不同了，我們會開始思索應該和哪種對象成立家庭。由於止處於動盪不安的年紀，許多大學時代展開的戀情不是邁向下一階段，就是分手收場。尋找人生伴侶時，女性傾向留意男性成為人夫人父後的穩定性，以及對方和自己親友相處時的模

樣。由於已屆適婚年齡，戀情可能會在這個階段加速進展。一般來說，女性會在這個年齡生下第一個孩子。

面臨人生危機時，例如剛結束一段長期感情，你可能會發現自己踏入一段「療傷」關係，也許會找一個和前任完全相反的類型，或是一個值得信賴又滿滿關愛的避風港，讓你修復破碎的心。然而個人危機的處理方式或許發人深省，沒多久，你可能會發現自己選擇對象的出發點並不正確。

單身對大多數的人都有好處，雖然結束一段感情很難受，但是思考分析過往戀情還是相當重要的一步。如果你在之前的感情中曾經失去自我，或許能藉著這個機會重新認識自我，記起什麼對你才是最重要的。內心恢復平靜、生活回歸正常後，你就可能找到真正適合自己的對象。

Chapter 6

愛真的會傷人

....

失去愛情的傷痛或許有其用意，為的
就是避免我們將來再做出錯誤選擇。

Love Hurts

我躺在床上寫一封信。這是我最後的愛情宣言，我希望還有機會改變現況、重修舊好。今天，所有人都去了我乾媽兒子的婚禮，只有我沒去，畢竟我現在最不想參加的場合就是婚禮。婚禮上的每一首歌都會讓我想起他，每一對愛侶緊緊牽著的手都有我和他的影子，他如影隨形，怎樣都甩不掉。我的胸口好痛，各種想法在腦海中盤旋。望入鏡子時，我看見一個鬼魅。我已經整整一週沒有好好睡覺，雙眼哭得又紅又腫。

　　愛情跌地最慘的時候非常痛，甚至危及性命。離婚是人生最高壓事件之一，為我們帶來的壓力僅次於摯愛離世。醫學專業人士發現一種心碎症候群，也就是驟然失去摯愛後，體內充滿壓力荷爾蒙，正常心臟功能中斷導致胸痛的現象。幸好這種狀況有得救，一週左右通常就會自己好了。

　　失去摯愛的憂傷和壓力也可能導致背痛、失眠、疲倦及各式各樣的持續性發炎。分手後，我們的消化系統

會出現強烈反應，情緒壓力也可能導致疹子和過敏等症狀惡化。

提出分手的一方通常比較容易走出來，另一方則可能飲恨度日，很難走出陰影。

伴侶離世是一生中最高壓的事件之一。在某些情況下，老邁心臟可能承受不了壓力，遭逢喪親之痛的人或許會因為過於思念伴侶，健康迅速衰弱，甚至在失去人生伴侶後不久辭世，所以死於心痛確實是可能的。

♡ 疼痛情緒

身為醫生，我每天都得面對不同類型的疼痛，其中為了背痛和頭痛前來求診的病人最常見。病因往往顯而易見，但很多病人的狀況卻得經過檢查和詢問，才能找出疼痛背後的真實成因。

直到幾年前，我自己的疼痛經驗只有運動傷害和生產，每一次都是劇烈疼痛，而且來得快去得也快。我從

沒經歷過慢性疼痛，所以有時很難理解慢性疼痛的病患是經歷什麼樣的痛楚。

　　成年後，我就一直處於某段感情關係，已經習慣每天和另一個人相處的甜蜜時光。但我初次恢復單身時，一切都變了，對我來說這是一種很陌生的狀態，我的身體也出現激烈反應。身邊的人都告訴我學習獨處的重要性，我的常識也這麼告訴我，偏偏我的身體適應不良。

　　和前任分手後的我夜不成眠，食不下嚥，開始出現亢奮躁動的反應，感覺全身僵硬，青少年時期在舞蹈課拉傷的下背舊傷再度復發，右肩胛骨出現猶如閃電般的陣陣抽痛。有時，我輕微暈眩，腦中出現奇怪回聲，這是我人生第一次感覺到嚴重焦慮，半夜睡到一半無法呼吸地醒來，心臟不停狂跳，幾乎每晚都背部僵硬、雙手麻痺。

　　光是爬樓梯就讓我的心臟劇烈跳動、喘不過氣。我嘗試短距離散步、拉筋，也練習深呼吸，但怎樣就是無法緩解疼痛。肌肉鬆弛劑和止痛藥似乎只讓我的腦袋更混濁迷惘，我的症狀非常類似職業過勞，雖然我經歷的

壓力和工作並不相關。

　　我和同期經歷離婚或心痛的朋友親戚聊過天，發現許多人的症狀都差不多。而在這段期間，當我治療病患的疼痛，開始更加留意他們的情緒問題。

情緒衰竭

　　我開始稱呼這種狀況為「情緒衰竭」。這種衰竭可能來自你必須放手的夢想（婚姻、工作），抑或目前經歷的失去（感情、愛情）、恐懼（孤單無依、為了孩子操煩）、寂寞（欠缺幸福荷爾蒙）。

　　我發現周遭很多人都有情緒衰竭的現象。許多人對自己的症狀很無助，有的人則會為了不同疼痛和睡眠問題尋求醫療協助。在諸如此類的情況下，我們常常從顯影檢查中看見脊椎骨磨耗，並認定這就是所有疼痛的罪魁禍首。事實上許多毫無症狀的成人也有類似磨耗，而磨耗本身並不足以引發疼痛，但是長期提高的壓力指數卻可能降低一個人的耐痛程度，增加體內壓力，進而觸發痛感。

被診斷出磨耗現象的患者常常陷入低落憂鬱，以為自己得放棄自己的嗜好，甚至害怕除非動手術，否則餘生都得與疼痛共處。事實上，許多磨耗完全沒有症狀，患者的身體功能也可能復原。老實說，要是醫學顯影結果向來正確無誤，芬蘭冰上曲棍球傳奇泰穆‧塞蘭內（Teemu Selänne）早在十年就該因膝蓋受傷而放棄曲棍球。

疼痛引導你做出抉擇，改變某些人生層面，所以不時留意身體的疼痛警訊，聽一聽它想告訴你什麼，對自己多少是有好處的。

情緒疼痛也傷身

不公不義有具體型態嗎？悲傷引起的疼痛是真實疼痛嗎？研究顯示，情緒和身體的疼痛是很類似的感受，由同樣的腦部部位處理：體覺皮質區。體覺皮質區高度活躍的人對疼痛比較敏感，而體覺皮質受損的人往往完全感覺不到痛。

體覺皮質區發出信號時，是要警告我們周遭環境不

對，必須趕緊修正問題。如果你觸碰滾燙的瓦斯爐，這個腦部區塊就會警告你緊接而來的燒傷，痛覺則是逼得你趕快抽回觸碰瓦斯爐的手。

在壓力龐大的社交情境下，我們也可能啟動同一個腦部區塊，觸發類似痛覺的反應。也許疼痛是身體要你無所不用其極接近逝去的摯愛。長期為慢性疼痛所苦的人比較可能陷入焦慮情緒，容易緊緊依附戀愛對象；擁有良好社交網絡的人能獲得更多支持，因此生產、癌症治療、手術等情況造成的疼痛比較輕微。

藥物也有交叉作用，抗憂鬱藥和焦慮藥物往往對身體痛覺有幫助，被當作止痛藥的類鴉片藥物也能暫時緩解心理壓力和憂鬱症。有些人的眼眶額葉皮質過度亢奮，進而容易感到疼痛、神經過敏，並且往往會為了微不足道的小事沮喪，也很容易過度反應。

藉由與痛覺區域的受器結合，腦內啡便可阻斷疼痛。剛墜入愛河時，腦內啡釋放正值高點，所以我們可能感覺不到痛。等到之後被甩、腦內啡不再釋放，就可能為了微不足道的小事感到疼痛難耐。

根據某項研究，受孕女性痛覺區域的腦內啡受器多出 25％，因此她們比男性更能承受疼痛。反之，男性控制疼痛強度的腦部部位能夠更有效結合腦內啡，意思是女性被甩後可能感覺到的痛楚比男性強烈。

當一段感情戛然而止，壓力荷爾蒙增加釋放，**壓力荷爾蒙指數高則讓身體復原變慢，可能造成失眠症、心悸、躁動不安。**壓力荷爾蒙指數升高也會導致免疫抗體降低，讓人體更可能向各種感染病毒打開大門。近期心碎的人可能會抵擋不住嚴重流行性感冒的侵襲，屋漏偏逢連夜雨。

♡ 當愛情在熱戀高峰逝去

要是在熱戀高峰期與情人分開，戒斷症狀恐怕很嚴重，可能會延續數年之久，最糟糕的是同時造成一輩子的傷痕。

以下是我的朋友描述他分手後的戒斷症狀：

「我睡不著，半夜醒來後心情沉重，心臟狂跳不已。我的手指麻痺，頸部和肩膀肌肉僵硬。昨天我以為自己在街上碰到她，頓時無法呼吸，只差沒有昏過去。我好想和她重修舊好，每天我都會去看她的臉書，寫著寄不出去的訊息。晚上我會刻意行經她家公寓，希望和她巧遇。即使我並不是真的想見她，卻覺得要是能夠見到她，或許我就不會這麼痛了，即使只有一分鐘也好。」

前幾章我說過，兩個免疫系統相配的人一旦開始做愛、同床共枕、共度生活，就會啟動愛情反應。墜入情網會釋放大量多巴胺、催產素、升壓素、腦內啡等其他荷爾蒙，目的是讓兩人未來兩年好好在一起，並將基因傳給下一代。但要是這兩人在熱戀期自然消逝前就分開，以上荷爾蒙指數就會驟降，這時他們的身體就會無所不用其極地讓兩人重修舊好。

這種對戀愛對象「刻骨銘心」的濃烈感情通常會維持兩年左右，而戒斷症狀可能很嚴重。你也許以為和前

任再共度一夜可以緩解傷痛，讓自己能夠繼續過下去，然而這種一夜情卻可能重新啟動刻骨銘心的感受，並且只會拖延傷痛的時間。

研究顯示，輕微憂鬱症會讓人更謹慎評估自我和他人。感到憂鬱時，你往往會更實際評估自我的市場價值。**失去愛情的傷痛或許有其用意，為的就是避免我們將來再做出錯誤選擇。**

時間會療癒傷口，傷痛總會過去，身體也會準備好面對嶄新戀情。然而逝去愛情的記憶卻可能縈繞不散，餘生迴盪。某些情況下，即使已經時隔數十載，和舊愛再次相見仍可能喚醒往日情。再說失去愛情通常會在腦部的愛情地圖上，留下一道具有警示作用的強烈記憶痕跡。

療傷之路

普遍來說，被甩和分手都是非常疼痛的經驗，所以究竟該如何療癒傷痛，讓我們盡快從情緒衰竭中痊癒？

一、保持活躍。運動和其他有趣的活動能刺激釋放幸福荷爾蒙，提振心情，讓人不用沉浸在逝去的愛情裡。每當你躺在床上望出窗外，思念著過往戀人，這只是在拖延療傷過程。

二、丟掉讓你每天都可能想起前任的所有物品。看見照片、信件、訊息、臉書檔案或是他／她的舊衣時，腦中的記憶痕跡就會啟動，讓傷痛久久不能散去，所以至少在療傷期先處理掉這些物品。

三、和朋友聯絡相處。和朋友一起咀嚼消化過往戀情是很重要，但時間過了一陣子後就不該繼續討論往日戀情，而是斷開過去，勇往直前。認識新朋友或許能讓你心情好轉，看見世界仍然充滿可能。

四、別在腦海中美化前任，反而應該想起對方的負面特質以及你們分手的原因。想像自己和某個新對象談戀愛、未來人生有多完美，你越是相信這個未來可能發生，就越能將過往戀情糾纏不休的鬼魂逐出腦海。

五、深呼吸、冥想、聽音樂、跳跳舞。這些都是降低體內壓力荷爾蒙指數的好方法，情緒衰竭往往會刺激

壓力荷爾蒙釋放，使得呼吸變得短而淺。深呼吸可以啟動副交感神經系統，有助於中斷壓力週期。每晚只要伴隨舒心的音樂，放輕鬆深呼吸五分鐘，奇蹟就會發生。

六、盡可能踏出家門、曬曬太陽。新鮮空氣和陽光可以提振心靈，改善睡眠品質，重新恢復生理系統節奏。到森林或海邊漫步，享受大自然之美也很減壓。

七、去做你想做的事。現在是你活出夢想的時候，去做自己一直以來想做的事，這也是提升腦部多巴胺指數的好方法。

八、來一場按摩，有機會就多多擁抱他人。按摩和擁抱都能釋放催產素，放鬆身心靈，擁抱寵物也有同樣效果。

九、微笑。危機當前還要微笑，聽起來似乎違背常理，但是不妨主動去找會逗你微笑或開懷大笑的人，與他們相處。畢竟光是想到笑容，人體掌管愉悅感受的神經就會啟動。

十、記住，時間能夠療癒所有傷口，你絕對不是一

個人孤軍奮戰。幾乎所有人都曾經被甩過，也有過感情失敗的經驗，這個經驗能讓你變得更堅強，為將來做好萬全準備。

♡ 在低潮時墜入愛河

單身不易，尤其是心碎一地，人生似乎只剩下苦澀心酸時，要維持單身更是難上加難。在感情危機發生的當下，許多男女常常覺得他們需要誰來拯救自己，這就是我們一看到誰就緊捉著不放手的原因。更別說不少人喜歡扮演救世主的角色，而且一眼就能看出哪些人受傷至深、情感脆弱。

沒多久就展開新戀情，感到脆弱的你可能覺得自己必須完全仰賴另一人，才能繼續過日子，這種需求會讓你更容易依附他人、陷入情網。但要是你可以不仰賴另一人，獨自挺過危機，就有機會好好認識自己的真實實力，了解你也能憑藉自己的雙腳站起站穩，讓你從不同視角看見自己展開新戀情的可能，最後或許就不會因為

缺愛，而太快一頭栽進愛情。

　　某個時候開始，你可能可以學會享受屬於自己的人生，甚至不想在獨立生活中為別人騰出空間，委屈自己去配合他人的習慣。你把家裡打掃得一塵不染，車子也拋光閃亮；你經濟獨立，沒有人打擾你的夜間慣例。即便你偶爾也做做美夢，想像自己開始談一場新戀情，但擇偶條件卻變得越來越嚴苛。也許你會在這個階段碰到某個很特別的對象，可是大腦在為對方打分數時，卻和單身時大相徑庭。

♡ 良性嫉妒，惡性嫉妒

　　你是否曾經嫉妒？或是做出令另一半嫉妒的行為？我們為何會嫉妒？嫉妒對我們是好事嗎？人類為何經過進化後仍具有這項特質？

　　研究顯示，戀愛中的第一次爭吵往往和嫉妒有關。綜觀人類歷史，嫉妒或許可以讓伴侶不分開，意思是他們孩子的生存機率跟著提高，於是掌管嫉妒的基因成為

人類基因遺傳的一部分。不過這幾十年來，人類環境經歷劇烈改變，我們現在比以前更容易受到外界誘惑，而嫉妒也成為一大問題。

哪一種出軌的感覺比較差？是伴侶在外出差時和別人擦槍走火、發生一夜情？抑或伴侶和另一位異性發展出濃烈愛意？根據研究，女性往往覺得精神出軌比肉體出軌嚴重。男性則是相反，肉體親密比較容易引起男性的嫉妒。這背後的原因是什麼？

從演化生物學的角度出發，男性向來很難完全確定孩子是自己親生的，反觀女性卻沒有這種疑慮。對男人來說，最大的威脅就是另一個男人弄大自己老婆的肚子，而他得花時間心思養大別人的孩子。對女人來說，最嚴重的威脅是第三者引誘自己的丈夫，破壞家庭、奪走丈夫。很少有男人會為了一夜情對象拋家棄子，然而要是形成強烈的感情羈絆、最後愛上情婦，他們可能不惜犧牲原有人生。

幾百萬年來的人類演化過程中並沒有淘汰嫉妒，就是為了讓伴侶持續待在一起，以確保孩子安然存活。我

們常常因為嫉妒太接近人類本能而羞恥，但嫉妒其實是非常正常的人類感受，這代表我們為另一人投入情感。儘管如此，嫉妒有時也可能失控，要是嫉妒心過於強烈又不健康，就可能演變成暴力相向，最後毀了一段感情。

嫉妒要是變得不健康，一個人就會沒來由地嫉妒。長期的嫉妒甚至往往和感情本身無關，而是善妒的人本身有情緒控制的問題。在某些合理情況下，原因實際的嫉妒通常都很健康，甚至有益於建立、維繫一段感情。每個人對於嫉妒的感受不同，有的人甚至把這當作一種感情的表現，希望激起伴侶一絲嫉妒心；有的人可能刻意和別人打情罵俏，藉此測試伴侶的反應。

誰嫉妒了？

研究顯示，要是感情中的兩方權力分配不平衡，就可能會引起嫉妒。如果一人覺得自己配不上伴侶，就可能會對他們認為更能滿足伴侶需求的人產生嫉妒心。女性可能會因為丈夫接觸年輕美女而嫉妒，男性則是把多

金自信的男人視為一大威脅。在一段感情的相處上，
「地位較高」的伴侶比較可能出軌。

嫉妒存在於我們的基因？

針對田鼠進行的研究顯示，升壓素和催產素是非常
關鍵的單配偶制要素。如果中斷釋放升壓素，公田鼠就
會變成無法維繫感情的花花公子，要是母田鼠的催產素
遭到阻斷，也會出現同樣狀況：維繫不了感情，男伴換
個不停。

還有一項人類研究檢視調節升壓素釋放的基因，結
果顯示某些基因變化可能提高一段感情的不信任感。性
愛過程中，男性會正常釋放升壓素，女性則是釋放催產
素，而這些荷爾蒙會促成單配偶制行為；要是這種基因
控制遭到阻斷或是人為操縱，單配偶制行為就不會啟
動。我們可以得出一個結論，那就是不正常的基因現象
會讓人產生不健康的嫉妒。

嫉妒似乎和強迫症及缺乏安全感的行為密不可分。
除此之外，根據某項研究，男性會特別注意正值排卵期

的伴侶；而一般情況來說，要是伴侶的外表較有魅力，男女雙方都會更密切關注對方的一舉一動。

如何控制嫉妒心

我們已經得出一個結論，那就是：嫉妒是很正常的人類感受，但不是絕對健康，亦可能形成惡性循環。要是吃醋的一方對伴侶生悶氣、亂發脾氣，我想也只會讓伴侶想要遠離他們。把問題說開來、留意自己的嫉妒心，就能更輕易地駕馭嫉妒。除了抱怨嘮叨，主動告訴伴侶你愛他、在乎他，所以才會偶爾吃醋，這也是一種值得採用的做法。有時吃醋的一方只是需要伴侶的注意，所以說共度兩人時光、親親抱抱、以深情目光凝望對方等其他舉動，都能讓伴侶感覺到自己的重要性，進而減輕吃醋的症頭。

跟蹤狂

你是否曾發現自己會在分手後不斷查看前任的臉書頁面？你是否好奇他在 IG 上都追蹤誰？想要知道前任

或目前欣賞的對象都在做什麼是一種正常行為，然而有時情況卻可能失控，本來只是沒有惡意地查看某人行蹤，最後卻變成一種過火行徑。

研究顯示，8～32％的女性和2～13％的男性都曾在人生某階段遭到他人鎖定及跟蹤。截至目前還沒有太多探討該主題的神經生物學研究，但是腦部顯影研究透露，愛情引發的多巴胺釋放及血清素降低，都可能讓人做出跟蹤狂般的強迫症行為。

社交技能不佳、封閉孤僻、自戀、暴力的天性都可能助長跟蹤行徑。一般而言，跟蹤狂會追蹤鎖定目標兩年左右，但在普遍情況下，跟蹤行為只會維持大約一個月。多虧社群媒體大受歡迎，現代跟蹤狂每天在線上跟蹤即可。有一件事倒是應該注意，那就是你在網路上與朋友分享的點點滴滴，跟蹤狂都可能盡收眼底。

♡ 不忠的一〇一課程

當「第三者」介入一段感情，通常就是兩人關係面

臨考驗的時刻。第三者指的未必是伴侶感到有性趣的異性，也可能是經濟壓力、伴侶生病，或是影響兩人日常生活的事物。第三者可能是某個想要左右價值觀、破壞兩人感情的親朋好友，不過當然第三者也可能是指伴侶的迷戀對象或愛人。

　　四個芬蘭男人之中，就有一人坦承不忠是他們分手的主要理由，四分之一的芬蘭女人則是把不忠列為第四大分手原因。不忠是非常嚴重的問題，最後可能以分手收場，既然如此，人為何還要偷吃？

　　偷吃名人的清單長得嚇人。研究指出，常因身分職務之故接觸到誘惑的人，偷吃機率比較高。他們潛意識或許知道就算自己不忠，現任情人離他們而去，分手後他們還是可以輕易展開新戀情。

　　世界所有文化都有不忠出軌的現象，每四段婚姻中，大概就有一段出現其中一名伴侶少說偷吃一次的情況。大家普遍認為男性偷吃的機率比女性高，但近期研究證實女性偷吃的機率不亞於男性，而男性比較可能被逮到，也比女性更容易鬆口承認自己出軌。

人之所以出軌，最常見的理由是追求愉悅快感。人類本來就會受到開心愉快的事物吸引，我們也可能為了尋求刺激和改變生活而偷吃。研究並未發現婚姻幸福是否直接影響偷吃的機率，然而不管是什麼樣的情況，出軌都會導致幸福感情變質，增加兩人分手的機率。

偷吃不止一次的人也可能再次出軌，此外，**伴侶間的經濟不平等也會增加偷吃機率**。擔任家庭唯一經濟支柱的男性偷吃的機率較高，根據某份研究，要是女性薪資高達家庭所得的 75％，這樣的夫妻關係最為忠誠。

多巴胺、升壓素和催產素通常是形成單配偶制關係的要素。田鼠實驗顯示，要是交配時沒有釋放多巴胺，基因遺傳屬於單配偶類型的田鼠就無法形成長久的感情關係。**至於人類，做愛和共同參與刺激又多元的活動皆可增進彼此感情，甚至減少出軌風險。**

性荷爾蒙和偷吃

諸多要素都對偷吃的可能性造成影響。研究指出，睪固酮基礎值高的男性結婚機率較低，偷吃和與伴侶分

手的可能性也較高。在女性眼中，這些男性通常深具吸引力，因此身邊誘惑總是很多。他們的睪固酮濃度會在戀情初期及孩子剛出生後降低，而這段期間，女性更容易依戀他們。一份捷克研究亦指出，不忠男性的兒子偷吃的機率比較高。

一份研究發現，調節多巴胺釋放的基因受體功能和偷吃之間存在著關係，而這種基因也和飲酒、強迫性及攻擊性行為有關。另一份研究顯示，這種基因會影響性伴侶的數目，而不是真的和偷吃有關。由於多巴胺通常讓睪固酮濃度激增，增加性慾望，所以這個結果並不令人意外。

至於女性，要是雌激素指數高，就有較高的偷吃傾向，而與伴侶的免疫系統不夠契合的女性更容易偷吃。所以剛展開一段戀情時，彼此之間存在致命的肉體吸引力，或許就象徵兩人的免疫契合度高，因而可能降低偷吃風險。

♡ 愛情與壓力

　　戀愛初期時，墜入愛河的興奮會激發壓力荷爾蒙釋放。壓力荷爾蒙終其一生都會影響人的行為和荷爾蒙活動，也和墜入情網、產生依附、維繫感情關係等愛情階段密不可分。此外，體內的性荷爾蒙量、年齡和健康也會影響兩人之間的基因契合度和肉體吸引力。壓力、飲食、體能鍛鍊、性活動主宰著性荷爾蒙的釋放，所以**只要改變生活型態，採取積極行動降低壓力指數，你就能決定自己談戀愛的方式，掌控自己的性生活及感情關係健康。**

　　壓力荷爾蒙對於生存至關重要，調節壓力荷爾蒙的人體系統幾經演進，協助人類祖先挺過不同威脅和險境。面對野生動物、飢餓、與部落走散或是威脅健康的病毒時，人體都會啟動釋放壓力荷爾蒙，好讓祖先安然挺過困境。

　　當體內大量製造壓力荷爾蒙，消化和性愛就不是最重要的生理需求。這種時候，人體會為了戰或逃做足準

備，再不然就是試著放鬆、復原。巨大威脅或危險當前，女性比較不容易懷孕，因為調節人體系統的機制會降低性荷爾蒙指數，減低女性的性驅動力，甚至可能拉長月經週期，避免卵巢製造卵子。

至於男性，長期壓力會讓性荷爾蒙指數下降，性慾低迷。高壓時期，性驅動力會明顯減低，甚至降為零，感情關係在這種時候就可能出現裂痕。我們可能覺得應該責怪他的伴侶，殊不知這段感情背後另有問題。所以**想要培養幸福快樂的感情關係、維繫愛情，找出你的壓力類型和強度才是關鍵。**

現代壓力

現代人的生活環境已經改變，許多人類祖先在日常生活中遭遇的威脅已經不復存在，儘管如此，調節壓力反應的人體系統幾乎沒有改變。

在狩獵採集時代，獵人遇到野生動物時會啟動壓力反應。那麼換到現代，什麼會啟動我們的壓力？面臨喘不過氣的工作量、難搞的老闆、感情難關，都可能導致

壓力指數上升，雖然以上這些都稱不上危及生命的情境，我們的壓力調節系統仍會出現強烈反應。

短暫的壓力完全正常，甚至對我們很重要，但要是高壓情況持續沒有好轉，就會演變成慢性壓力，導致睡眠不足、體重增減、憂鬱症、性驅動力低迷、不易受孕、感染和得到其他疾病的機率增加。長期處於壓力也會提高動脈高血壓和其他心血管疾病的風險。

在不確定的狀況下做決定對我們的腦袋也很吃力，這個決定可能是關於職場上的重大改變、是否該在房市不穩時購屋、提出離婚訴訟或是人工引產手術。在這樣的情況下，我們很難確定自己是否做對決定。

但是不斷嘗試緩解焦慮也可能讓大腦負荷超載。焦慮背後往往都有根本成因，如果不好好處理問題，一味嘗試紓壓只會讓你壓力更大。

如果你午餐攝取了很負擔沉重的單一碳水化合物，身體釋放的胰島素可能會稍微過量，接下來的兩個鐘頭，血糖指數下降，讓人開始嘴饞想吃甜食。可是吃棒棒糖只會導致胰島素迅速上升，之後又經歷一波血糖降

低，諸如此類的血糖升降讓人難以性高潮，也會提升壓力指數。再者抗拒誘惑可能讓人疲累，為了健康持續抗拒甜點零食對大腦來說相當吃力，最好的做法還是避免負擔過重的正餐，並隨身攜帶健康零食，以免飢餓找上門時亂吃。

抗壓性因人而異，某種程度取決於基因，此外我們的童年經驗、與父母的關係也會影響我們承受壓力的能力。童年安穩無虞、在關愛之中長大的孩子承受壓力的能力較高，比起基因結構相同卻在動盪缺愛的不同環境下長大的雙胞胎，他們更能面對壓力。

研究顯示，觸發兩性強烈壓力反應的潛在因素往往迥異。對女性而言，壓力通常不脫感情難關和問題，至於男性則是攸關事業，要是實現目標的路上遭遇困難，他們比較容易感到壓力。對於男女雙方，職場方面的問題皆會影響居家生活，而女性遇到家庭問題時，尤其可能影響職場表現。

長期壓力也可能影響血清素濃度，讓人更難跳脫憂鬱症、情緒波動、攻擊等。許多人會利用酒精麻痺自

我，卻恐怕只會加深憂鬱症、性功能障礙、暴力行為等風險。為了馬拉松特訓或是在健身房過度鍛鍊也有風險，壓力可能因此上升。在壓力罩頂的時期稍微中場休息有好處，只從事簡單輕鬆的健身運動、找時間好好休息，盡可能跳出倉鼠滾輪般的忙碌。

至於感情方面，長期壓力造成的勞累易怒可能演變成口角爭執，由於壓力降低性慾，最後當然也不可能以性愛和好、結束紛爭，這就是職場壓力滲透感情關係，並且促發生變危機的開始。

酒精、性衝動、你的壓力指數

一杯葡萄酒或兩杯小酌通常讓人活絡放鬆，增加性慾望。可是再幾杯黃湯下肚，效果卻往往相反，請問這是為什麼？

酒精會影響大腦和睪丸的性荷爾蒙釋放，導致睪固酮濃度下降。由於正常健康的勃起仰賴睪固酮，所以徹夜狂歡飲酒後無法性行為，通常和睪固酮濃度下降脫不了關係。再說酒精是一種利尿劑，很容易導致身體脫

水，刺激壓力荷爾蒙釋放，暫時減低性荷爾蒙指數。當身體漸漸從酒精中甦醒，我們身體就會增加製造睪固酮，藉此改善情況，於是宿醉狀態下，性驅動力可能增強。

長期飲酒通常會造成勃起問題、精子品質低落。至於女性飲酒則可能暫時增加性慾望，但飲酒過量卻難以達到性高潮。女性要是有長期飲酒的習慣，體內的男性荷爾蒙可能會增加，變成不易受孕的體質。

很多人嘗試利用酒精提振心情，可是酒精的效果很短暫，反而會提高憂鬱症和焦慮症風險，也會影響睡眠品質。要是睡眠品質不佳，壓力可能會更大，整體心情低迷，所以若說飲酒會影響感情生活、引起伴侶爭吵也不奇怪了。特別是芬蘭，飲酒過量往往是感情分崩離析的潛在因素之一。

壓力令人老

男性不僅可以察覺女性正在排卵，還能分辨壓力纏身的女性。在男人眼中，壓力大的女性吸引力較低，而

壓力也會直接影響女性體內的性荷爾蒙含量，這可以解釋為何女性壓力罩頂時性慾較低。你可能也注意到慢性壓力對自己身體造成負面影響、性慾降低，可是度假零壓力時，卻滿腦子只有性事。

事實證明壓力會加速老化，這是因為壓力會影響主宰老化程序的端粒酶功能。要是一個人壓力過大，肌膚製造的膠原蛋白就會減少，導致皮膚失去彈性，因此在男性眼中失去魅力，畢竟緊實乾淨的肌膚是吸引男性下意識注意的女性特質之一。

減少壓力、睡眠充足就是增進個人魅力、感情幸福、個人整體健康的不二法門。

壓力和睡眠問題

一般來說，分泌荷爾蒙的腎上腺從上午八點到晚間八點最為活躍。我們早晨起床時，荷爾蒙釋放正值巔峰，第二高峰則是在正午左右，要是某人正處於慢性壓力狀態，腎上腺就會過度超載，而皮質醇製造會在晚間達到高峰，這就是為何壓力大的人晚上精神比較好，難

以入眠。

壓力大的人通常白天覺得精神萎靡，下午勞累疲憊，這時身體會利用人為方法矯正情況，渴望咖啡因和糖分。由於高壓指數會擾亂控制警醒的人體系統，到了夜間便很難睡著。等到壓力變成一種慢性症狀，活躍的腎上腺活動就可能致使心悸、盜汗、凌晨時分莫名驚醒。許多為壓力所苦的病患指出，他們每晚幾乎都在同一時間醒來。

睡眠充足就是維持良好荷爾蒙平衡的要素。睡眠不足會增加壓力荷爾蒙的製造、降低性荷爾蒙。當你覺得疲累時，性八成不會是腦中第一個浮現的念頭。你也可能會因為易怒而主動挑起爭端，這只會讓你的壓力指數往上攀升，對於做愛更是興致缺缺，唯獨充足休息才能中斷這種惡性循環。

抗壓性

在談戀愛和壓力龐大的情況下，你的原始大腦會和聰明的大腦皮質展開對話。大腦皮質能夠連結感受和期

望，並擷取過去經驗，為這場對話添加意義。意思是如果你曾經挺過某種高壓情境，當相同威脅再次浮現，你的大腦就會知道應該如何減輕壓力。俗話說「愈挫愈勇」真的不是亂蓋的。

運用深呼吸技巧和冥想也能降低壓力指數，提升抗壓性。壓力有時迅雷不及掩耳襲來，這時光是深呼吸就能透過副交感神經系統減輕壓力。人通常很擅長在腦中胡思亂想，為自己徒增壓力。在腦中幻想令人充滿壓力的畫面有時可能會侵蝕你的大腦，這種情況下做做運動、沖澡或泡澡，都有助於緩解壓力，而與他人的肢體接觸或許也能減輕壓力，改善抗壓性。

為了小事發脾氣

很多人在某些情境下會反應過度，為了一些微不足道的小事亂發脾氣，請問怎麼會發生這種事？我們為何會無故失控？

疲倦或壓力狀態下釋放的壓力荷爾蒙會讓身體進入「戰或逃」模式，對處於這種模式的人來說，世界非黑

即白，輕微刺激也可能讓他們產生強烈反應，因此很難理解他人的用意，無法明白對方只是想要幫忙。如果你發現自己處於這種狀態，可以先深呼吸，冷靜思緒，避免立即跳進掀起世界大戰的模式。不過說的容易做的難，對吧？

難熬漫長的一天或血壓低下往往讓你午後壓力倍增，這種情況會啟動你的原始大腦和大腦邊緣系統，你可能對刺激物變得格外敏感。如果你必須和另一半有建設性地討論感情問題，最好先等到你用餐或泡了一場熱呼呼的澡再說。先給身心放鬆沉澱的時間，接下來就比較能理性處理消化事物。切記以下這句話：避免壓力，你就能避免感情危機和分手破局！

醉後大吵

你正在酒吧，這天晚上玩得很開心，有對情侶卻突然開始大吵。為何在酒吧待了一晚之後，脾氣很容易變得火爆，而且不分男女都一樣？這個現象也能利用壓力荷爾蒙解釋。

幾杯黃湯下肚後，尤其是含糖的精緻調酒，很可能導致身體釋放大量胰島素，致使血糖驟降，再加上熬夜不睡、喝太多酒而脫水，身體這下已經滿滿都是壓力荷爾蒙。

　　當壓力荷爾蒙指數持續攀升，我們會進入「戰或逃」模式，這時連芝麻綠豆小事都可能讓原本的輕微不悅擴大成激動暴怒，要是先前早已埋下壓力的種子，事發當下的強烈反應通常顯得小題大作。

　　那我們該如何避免醉後大吵？保持清醒當然是最有效的方法，但如果你決定多喝幾杯、在外逗留到凌晨，記得補充能量棒，整晚持續補充水分，就是對付壓力指數攀升的急救手法。

酒精效應

- 酒精會使大腦釋放多巴胺，讓我們感覺愉快、自尊提高。
- 酒精會抑制麩胺酸，讓 γ- 胺基丁酸（GABA）活動變得活躍，導致大腦活動踩煞車。在酒精影響

下，思考和語言能力都變得遲鈍；喝得越多，這些改變就越明顯。

- 麩胺酸和 y- 胺基丁酸造成的酒精效應會減弱進行邏輯思考的大腦皮質功能，可能讓我們變得放鬆、不再拘謹。
- 與此同時，由於酒精會影響小腦，人的動作技能也會跟著減弱。
- 下視丘負責掌管性活動，而酒精減低下視丘的神經中樞活動，意思是即便我們的性慾望暫時上升，也不再像平時拘謹，性行為表現卻通常會降低。
- 即使一天只飲用兩份酒精，長期飲酒仍顯示會影響荷爾蒙平衡，增加勃起功能障礙風險。

壓力跡象

- 頭痛及頭部像是被下緊箍咒的感覺
- 呼吸淺快
- 持續性疲累倦怠
- 失眠、凌晨從睡夢中醒來

- 進行爬樓梯等肢體活動時，靜止心率會迅速飆升。
- 背痛和各種關節疼痛
- 胃灼燒和胃部莫名疼痛、腹瀉或便祕。
- 失去性衝動
- 流行性感冒不斷復發，感染循環周而復始。
- 夜間磨牙

情緒壓力的徵兆

- 易怒暴躁。可能沒來由地情緒爆發，也不記得上一次開懷大笑是多久以前的事。
- 總是擔心生活中的大小事，很容易驚慌失措。
- 不想見朋友，寧可自己獨處。
- 總是預想最糟糕的情況，很難以樂觀心態看待事物。
- 很難展開和結束工作案。
- 比以往更常哭泣。

以上症狀和許多不同疾病有關，如果你長期出現這

些症狀，應該諮詢專業醫師協助找出背後成因，獲得診斷結果。

緩和壓力

低血糖或是血糖下降會引起身體釋放壓力荷爾蒙，因此每天在固定時間用餐的好處是可以穩定血糖指數。富含蛋白質和低碳水化合物的零食能維持良好的血糖平衡，避免血糖飆升驟降，這就是為何黑巧克力或一小把堅果可以緩解急性壓力。

Omega-3 亦顯示能緩和身體壓力造成的發炎症狀 —— 尤其是腦部，特別是 EPA（Eicosapentaenoic acid，二十碳五烯酸），而這種 Omega-3 脂肪酸亦可預防並緩解焦慮。

你可以做運動紓壓，不過也應該仔細聆聽身體的聲音。經過二十分鐘的劇烈運動後，身體會開始釋放壓力荷爾蒙；運動二十分鐘的你應該感到活力充沛，而不是累得像條狗。再不然就是出門、到戶外散步、做點輕緩

瑜伽，或者單純拉拉筋都會釋放腦內啡，可以舒緩壓力、提升專注力。

也不要忘了睡眠充足的重要性，每晚要睡滿七至八個鐘頭。你可以躺在針灸按摩墊上，試著讓身體放鬆再入睡。如果某晚因故需要犧牲睡眠，白天可以試著小睡十五至三十分鐘。

緩解壓力的其中一種方法還有深呼吸。呼吸練習和深呼吸都能幫忙啟動副交感神經系統，降低壓力指數、心跳及血壓。

研究顯示，使用智慧型手機或平板電腦也會增加壓力指數，導致睡眠品質大打折扣。睡前幾個鐘頭最好關閉這些電子裝置，或者可以計畫一週的某天完全不開手機、不回覆電子郵件。

閱讀也顯示能大幅降低壓力指數。夜間或在工作休息時間閱讀，不失為一種放鬆的好方法。音樂也可以舒緩壓力，古典樂尤其證實具有讓人內心平靜的效果，減少壓力荷爾蒙。除此之外，聆聽自己最愛的音樂也會釋放腦內啡，讓你心情立刻好轉。

高溫也是一種解除壓力的好方法，跳進三溫暖蒸氣室或泡個熱水澡都能讓你壓力全消。

　　最後一種也是最重要的一種放鬆解壓方式，就是性愛。性高潮可以消除體內的壓力荷爾蒙，當你感覺壓力爆表，可能會性衝動全失，這也是為何伴侶固定安排時間相處是一件非常重要的事。光是按摩和簡單的肢體碰觸就能緩和壓力，也是超級忙碌時的美妙前戲。

　　結論就是，挖掘出壓力根源、找出解決潛在問題的正確方法才是最重要的。

Chapter 7

步入穩定關係，
以及迎接挑戰

. . . .

幸福長久感情的條件之一，就是對另一
半保持正面假象。看得見對方的優點，
缺點則是睜一隻眼閉一隻眼。

The Pros and
Cons of a Long
Relationship

秋天來臨，黑夜變得更深沉，樹葉也轉成無數色階的紅與橘。秋季向來是我最喜愛的季節，這下卻令我感到甜中帶酸。我穿過公園，看著葉子從樹梢一一紛落，輕輕飄向地面。一對坐在公園長椅上的夫婦引起我的注意。看他們的模樣肯定年屆七旬，斑白灰髮和皺紋寫滿了兩人曾經有過的歷史。他們自己帶了一個保溫瓶和兩只陶瓷馬克杯，一邊觀察公園內的人來人往，一邊啜飲咖啡，神情平靜祥和。

───────────

　　你喜歡浪漫愛情喜劇和言情小說嗎？你是否發現故事通常都是圓滿結局，而剛交往不久的愛侶對彼此瘋狂不已？要是換作是在一起許久的伴侶，鏡頭往往會以蒙太奇手法顯示這對愛侶一起歡笑、共享不同人生階段的畫面。

　　現實生活中，感情很少像公園散步一樣輕鬆愜意。如果你曾經談過一段維持數年的感情，可能會發現熱情在一、兩年後就會消退，也可能開始明白每一段感情關

係都有自己的問題和挑戰。在接下來的幾年，墜入愛河時那股不可思議的濃烈感受，會漸漸化為細水長流的溫暖親密。

一旦感情昇華，見到伴侶時，心臟可能已經不會鼓跳如雷，也不會像以前那樣上班時魂不守舍、掛念對方；甚至可能發現自己又開始注意其他人，就像當初愛上現任伴侶那樣。你的朋友倒是樂得開心，畢竟你又從愛情的兩人世界重返社交圈。

別擔心，這種改變是很自然的發展。**轟轟烈烈的戀愛很消耗體力，如果一輩子都這麼轟轟烈烈，我們遲早會累垮！**從生物學的角度出發，談戀愛的主要目的就是延續後代，在孩子有照顧自己的能力前盡養育職責。

在最好的情況下，你墜入愛河時的濃烈感受並不會消逝，只是隨著時間昇華成另一種感情。戀情剛展開時令人上癮的濃情燃愛，會慢慢轉變成深刻的親密，一種猶如隊友般相互扶持的舒心安定，並且感激有個人可以與自己分享生活中的點點滴滴。不過熱戀昇華的過程幾乎沒有不痛苦的。

♡ 戀愛後的大腦

一連串由多巴胺和正腎上腺素啟動的反應，是愛情第一個熱戀階段的特色。所以當愛火平息、熱戀消後，殘存溫暖光亮餘燼，大腦會發生什麼事？

根據研究員的說法，升壓素和催產素促成感情依附階段的親密和信任感受，這兩種荷爾蒙則會對不同類型的感情關係造成不同效果。當一對感情初期愛得濃烈的伴侶進入依附階段，對彼此的情感依附就會變得強烈，性愛次數可能降低。

就這種情況來說，升壓素和催產素會降低體內的睪固酮量，讓兩人不再那麼索求無度。但是另一方面，兩個剛開始只是朋友的人在更長時間相處、深入認識彼此後，依附可能慢慢變強，升壓素和催產素反而會激發他們對彼此的強烈情慾。多虧了依附荷爾蒙，這兩人的友情會瞬間升溫，發展成另一種關係。無論是發生哪一種反應，時機點和一個人體內是否存在其他荷爾蒙及荷爾蒙數量，都是決定關鍵。

依觀察而言，**維繫長久感情的人，腦部類鴉片和血清素豐富的區域平均較一般人活躍**。這些區域會調節疼痛、焦慮、抑鬱的感受，也可能掌管長久感情帶來的放鬆和平靜感受。

♡ 至死不渝

交換過婚禮誓言後，誰不希望和另一半長長久久、至死不渝，但是人盡皆知，超過一半的婚姻最後都以離婚收場。一般夫妻多半在孩子三、四歲時離婚，之所以有這種情況，莫過於大自然的古老慣例作祟。

在這個關鍵時期，體內的荷爾蒙會改變，並可能讓伴侶不會拒絕送上門的全新誘惑和可能。在這個階段，你可能開始覺得伴侶變成另一個人，不再是當初自己愛上的那個人——即使他其實並沒有什麼改變，只是你的大腦神經化學平衡變了，才會用不同的眼光看待另一半。這種現象對伴侶雙方皆有影響，讓他們開始質疑彼此的感情是否真的幸福。

要理解大自然會在感情的不同階段測試你，這一點非常重要，若你最終決定離婚、尋覓新伴侶，類似問題還是可能浮現。事實上，外國的月亮並沒有比較圓——尤其是你懂得珍惜眼前的皎潔明月。

單配偶制度累犯

研究顯示，人類屬於能夠長期維繫穩定感情的 3% 哺乳類動物。我們的狩獵採集祖先早就是單配偶制慣犯，他們會先找一個伴生孩子，通常在孩子年齡略長的時候分開，再覓新伴侶、生孩子。根據某些研究顯示，人類祖先一生會接續經歷三或四段單配偶制感情，依憑直覺挑選伴侶，而後裔的遺傳基因也迥異。部落社會落實共享文化，大家共享捕獲獵物、工具、照顧孩子的責任，因此孩子是全部落共有，不是父母獨有。

一萬年前左右，農業和草原游牧制度的崛起改變了人類的生活條件，進而影響人際關係的本質。如今人類可以在一個地方安居樂業，糧食也唾手可得，於是女性懷孕生子的機率更高了，孩子則是能夠確保家族土地或

牛群只由家族獨享。至於產下孩子的女性，同樣也被視為男性資產，以同樣標準保護之。這些男性都是多配偶制，同時擁有好幾個妻子，以確保家中有足夠的兒子繼承家族財產。把女兒嫁給其他家族，則是鞏固社會地位的做法，女孩的嫁妝則用來決定她們可以嫁給誰。在這個階段，擇偶時的物質價值觀戰勝生物學，富有望族更尤其如此。

工業革命重新復甦了核心家庭的價值，當時的女性經常待在家裡照顧孩子，意思是經濟大權操在丈夫手中，所以離婚是不可能的。即便如此，兩性生理並沒有改變，他們還是和人類祖先一樣會受到誘惑。根據研究，所有文化都會出現所謂的出軌現象，直到今日還是一樣。

根據海倫・費雪和她的團隊研究，隨著二〇三〇年代步步逼近，單配偶制度累犯會變得更流行。忠誠是王道，但感情關係卻越來越短命。研究亦顯示偷吃落伍了，自慰才是王道。由於男女地位平等，沒有一方可以逼對方繼續一段感情關係。現今越來越多人以愛情之名、個人自由意志結婚，雖然人們也夢想長遠的婚姻關

係，事實上卻更可能成為單配偶制度下的累犯。

♡ 為何我們需要幸福快樂的感情

大多數的人都渴望浪漫的感情關係，可以與伴侶分享生活中的大小事。愛情是人類最基本需求之一，單身的人要真正健康快樂或許很難，**因為一段良好的感情關係就是人生困境的緩衝墊。**

幸福的感情關係對身心健康皆有益處，這點不容置疑，但是又有多少人天生曉得該如何經營一段感情關係？幸福快樂的感情關係又具備哪些條件？

根據一份關於感情關係的大規模研究，芬蘭伴侶普遍認為自己的感情關係良好，也很幸福快樂。研究發現，幸福快樂的感情關係始於挑選正確的對象、彼此相愛。不僅如此，感情關係必須只有兩人，兩人也得平等付出。伴侶之間應該相互扶持尊重、關心彼此，吵架要具有建設性，性愛則應該雙方都滿足。

然而美國研究員卻得出不同結論，那就是：**幸福長久感情的條件之一，就是對另一半保持正面假象**。滿意個人感情關係的人似乎都敬仰另一半，也只看得見對方的優點，缺點則是睜一隻眼閉一隻眼。另一份美國研究則是認為，比起將感情關係視為彼此共同旅途的人，將一段感情視為結盟的伴侶較容易失望。

　　感情中最常見的問題源自於日常生活大小事的意見分歧，好比清潔打掃、財務金錢、子女教養。最初的感情熱戀期畫下句點時，要是兩人又持續爭執，就可能犧牲伴侶對彼此的性慾望。這實在很可惜，畢竟以荷爾蒙來說，性愛可以拉近兩人的距離，而偷吃和嫉妒通常也是無法及時解決問題的後果。

　　現代人都是戀愛結婚居多，可是愛情並無法解決金錢問題。金錢是芬蘭家庭中最常見的爭端起因，研究指出生性節儉的人往往會愛上出手闊綽的人，不然就是反過來。這些差異可能引發危機，也是為何在剛展開一段感情時，就應該先和對方討論個人對於支出的期望，並且設下規定。一般而言，如果兩人對於某議題的意見強烈相左，兩人都必須有妥協的意願。研究確實也顯示，

伴侶的適應力就是幸福感情關係的主要條件。

如何好好吵一架

在友情和愛情關係中，第一場爭執都使一段關係踏上全新方向。這時，你才能真正認識對方和他們的過去，畢竟每個人都是向父母學習吵架方式。在我的家庭中，爭執向來火爆，迅速升溫，但情緒來得快去得也快。即使我小時候非常討厭父母吵架，卻發現自己也套用同樣模式宣洩情緒。

對我個人而言，爭執就是一種表達個人想法感受的方法，不時得宣洩一下，很像打掃房子。但是吵得如火如荼時，我可能忘了伴侶小時候在家中學到的或許是另一種爭吵模式。也許他學到的是在背地裡氣得牙癢癢，內心默默碎唸，最後冷戰處理，或是完全漠視自我感受。要是其中一方吵到臉紅脖子粗，甚至在某個當下大吼大叫，五分鐘後卻又沒事般地詢問對方晚餐要吃什麼，用冷戰應對的另一方可能很難接受以這種方式和好。

日積月累下來，伴侶通常會學習放輕鬆，或至少了解兩人的爭執方式不同，等到事過境遷，就比較容易討論該如何用更好的方式解決紛爭。

應該沒多少人喜歡吵架，我們也通常視不吵架的愛侶為偶像，但研究顯示**爭吵本身並非感情不睦的指標，真正關鍵的是處理爭端的方式。**

幸福快樂的伴侶會以具有建設性的方式爭吵，而且總會試著為引起爭端的情況找到解決之道。英國最年邁的已婚伴侶指出，他們維繫長久感情關係的祕密就是每天都小吵一架。稍微鬥嘴能適當增加伴侶間的多巴胺指數，延續感情愛火。如果一對夫婦從不爭執，可能代表其中一方太無所謂，或是兩人都是這樣。這種情況下，問題會越來越複雜、越積越多，對於感情並不是什麼健康發展。

在良好感情關係當中，伴侶通常要能夠好好為爭執收尾，一笑置之、中場休息，或者直接說出「對不起」，都是終結爭吵的好方法。若想要經營一段良好感情關係，兩人都得以積極正面的態度面對過往，而且能

以外在因素解釋任何可能犯下的過錯。

　　吵架越吵越難看的伴侶會踏入責怪對方的漩渦，再怎麼無關痛癢的細節都可能演變成一陣大吵。一個伴侶可能會先指出另一人從不幫忙丟垃圾，接著洋洋灑灑列出伴侶視而不見的其他家務，接著慢慢扯到其他事情，最後超出掌握，其中一人憤然甩門離去。如果伴侶以具有建設性的方式爭執，兩人就會試著找出解決之道，想出可以處理家中垃圾的方法。

　　對兩人感情殺傷力強大的另一件事就是嘮叨。嘮叨幾乎無法解決問題，也很容易演變成一種難以改掉的陋習。從感情初期，兩人就應該開誠布公地討論問題，並且試著找出能夠滿足兩人的解決之道。

吵架是一種權力遊戲

　　在感情初期，吵架便能建立伴侶之間的權力平衡，通常是較不依賴另一方的人掌握更多權力。然而在理想狀態下，兩人的權力應該勢均力敵，雙方都覺得彼此需要。不平衡的權力關係在在挑戰著感情，可能促成嫉妒

和偷吃。

感情關係的角力也可能隨著時間改變。通常處於長久感情關係的人，精神層面會一起成長，兩人的職業生涯也可能出現意想不到的轉折。原本是家庭主婦的太太成為職業婦女，丈夫可以接受嗎？研究顯示，當兩人對於性別角色的期待不相符，感情就可能出問題。最好是交往時就討論兩人的期待值，以確保彼此理念相合。

要是有重大問題，也應該面對面討論，望著伴侶的雙眼才能避免誤解發生，並向對方透露真實感受。現代伴侶越來越常用手機和簡訊交談溝通，偏偏這種溝通方式很容易造成誤解。

你和伴侶的個性和脾氣也會大幅影響兩人吵架的方式。感情關係中最麻煩的爭吵模式就是其中一人容易引爆情緒，也很快就冷卻下來，覺得最有效矯正問題的方法就是床頭吵床尾和，以為稍微擁抱一下，或是說些幽默好笑的話就沒事了；但是另一人卻縮回自己的保護殼內，慢慢舔舐爭吵後造成的傷口。在感情初期試一下水溫，了解兩人的吵架風格，不失為一個很好的方法。

♡ 他不愛我了嗎？

　　根據一份大規模的芬蘭研究，離婚似乎是各種問題日積月累的結局，但是最主要的原因還是感覺不到愛。

離婚的原因

感覺不到愛

缺乏親密關係

彼此意見不合、無法磨合

價值觀和生活型態差異

不心懷感激與尊敬

不孕育培養兩人感情

自己或伴侶無法為自己的行為擔起責任

伴侶支持不足

愛情的五大語言

　　有次，朋友打電話向我哭訴，她的新男友長途出差

回來後，竟然沒有帶任何禮物給她，讓她感覺很受傷。她說哪怕是一條巧克力棒之類的小東西，只要能表示他在整趟出差之旅曾經想到她，她都心滿意足。我試著安撫這位朋友，事情沒有她想得那麼糟糕，再深入交談後，我們總算找到問題的癥結。

我這位朋友來自一個重視儀式感的家庭，從不放過任何可以慶祝的場合。她還小的時候，即使是最微不足道的情況，全家人都會在一大早圍繞床邊，為了當日英雄高歌一曲。要是她媽媽某天前往鄰近小鎮工作，回來時總會記得為全家人帶一樣好玩的東西。我建議這個朋友去問問新男友，他家人是否會慶祝節日，最後獲得的答案恐怕不會太令人意外。

要是在一段感情中過得不快樂，通常是因為認為伴侶不夠愛你，這種感受在長久交往的關係中較為常見，往往是伴侶溝通困難造成的問題。即使對伴侶說出我愛你，也不吝嗇表達自我情感，感情關係中的兩個人有時卻覺得自己不被愛，請問這是怎麼發生的？

根據愛情顧問蓋瑞・巧門（Gary Chapman）的說

法，我們會運用五種不同語言表達愛意（愛的五種語言）。認識這幾種語言後，即使對方使用的是你不習慣的語言，你也能看出他對你的愛。

查普曼的五種愛情語言：

肢體接觸

言語表達

寶貴的相處時光

接收禮物

為對方效勞

每個人偏好的愛情語言不同，也就是說每個人展現愛意的方式大不相同。某人可能其中一、兩種，甚至三種語言特別流利，卻很少五種語言都運用得一樣好。**當處於愛情關係中的兩個人說著不同語言，彼此都期望對方以同樣方式回應自己的愛意，就可能雞同鴨講，問題不斷。**在這些情況下，期望不同所造成的失望會停止製造幸福荷爾蒙。

事實上，喜歡送禮的人也會期待伴侶這麼做，有的

人則覺得送禮物很沒意思，反而更珍惜兩人寶貴的相處時光。有的人喜歡肢體接觸，有的人認為過度摟摟抱抱很煩人。芬蘭男人通常不擅長言語表達，但很常為伴侶保留寶貴的相處時光，或是幫忙家務（為對方效勞），藉此表達個人愛意。要是芬蘭太太最擅長的語言是言語表達，也許會因為丈夫無法用語言文字向她表達愛意而反覆失望。

花一點時間思索，這五大愛情語言中哪一種是你的強項？哪幾種又是你精通的語言？再思考哪種語言是自己最弱的。發掘自己的愛情語言技能之後，接著也可以找出伴侶通常的愛情語言。要是能理解其中差異，你就可能明白，或許多年以來另一半早就使用他自己的方式向你表達愛意，只是你自己沒看懂罷了。

另外，愛情語言技能仍有進步的可能！如果你發現自己和伴侶使用截然不同的愛情語言，你們可以設定一個目標，學習使用對方的語言。最重要的一點還是務必記得，**即使兩人使用不同愛情語言傳達愛意，兩人依舊是相愛的。**

道歉的語言

根據蓋瑞·巧門的說法，人在道歉和原諒的情境下也會使用不同語言。

以下是巧門的五種道歉語言：

要求原諒
表達悔恨
補償對方
真摯懺悔
扛下責任

實際使用這五種語言的情況是什麼？想像一下，你計畫和丈夫共度兩人夜晚，可是他臨時毀約，決定和男性友人外出喝酒。他發了一通訊息向你致歉（要求原諒），並承諾今後再也不會犯同樣錯誤（真摯懺悔）。但要是你最精通的道歉語言是補償對方，或許會很落寞受傷，畢竟你期待他重新安排一個約會時間。而要是你擅長的語言是表達悔恨，就會期望對方為自己的行為表

達深切歉意。

下次當你期盼伴侶道歉或你自己要道歉的時候，請留意使用的道歉語言，或許兩人能藉由學習同一種語言，改善彼此之間的溝通。

♡ 依附風格

你是黏人精，還是需要自我空間的類型？愛上一個人時，你會不假思索投入一段感情，然後沒多久就舔舐傷口？你害怕另一半不像自己愛他一樣地愛你嗎？或是會擔心他隨時離你而去？

我個人的情況是，每個曾經長期交往的男人都是真心真意去愛，而且幾乎是立刻就和對方同居。我一直認為初次約會就能和對方分享大大小小的人生故事，套用一個博奕的比喻：何不乾脆直接攤牌？我的朋友勸我別太快陷進去，先好好認識對方再說。以前的我並不明白這句話的道理，要是現在就可以全部擁有，那還要等什麼？可是鑽研依附理論時，我卻開始發現大家在這方面

可能很不一樣。

　　人的依附風格部分來自基因遺傳，但是童年經驗和過往感情關係也會造成影響，進而發展出某類型的「依附者」。根據研究資料的說法，**關於依附，快樂童年的影響力遠遠勝過不良的基因遺傳。**

　　英國精神科醫生約翰・鮑比（John Bowlby）於一九五八年奠定依附理論的根基。依附理論的主要理念是，孩子最早的人際關係會形塑他們日後主要的性格。根據鮑比的說法，在人類的進化過程中，依附行為的重要性並不輸交配或繁衍養育後代。當孩子和周遭環境互動，尤其是自己的母親，某類型的依附系統就會啟動。

　　鮑比定義的「依附行為」是指一個人找到安全感、和所愛及重要的人保持親密關係的能力。對於人生後期兩個成年人之間的情感連結及依附發展，這種能力也大有影響，並為了打造和保持愛情關係奠定基礎。

　　後來到了八〇年代，心理學家辛蒂・哈珊（Cindy Hazan）和飛利浦・薛佛（Philip Shaver）又提出以下的成人依附風格：

安全型：在親密關係中，安全型依附的人感到自在。他們希望他人接納自己，也能夠接納他人，不怕遭到拒絕或者與他人過於親近。

不安全依附（迴避害怕型）：迴避型的人與他人相處時經常感到不自在，非常需要自己的空間。他們認為自己可以自給自足，而且很難完全信任他人。迴避型的人也常常有被人利用的感覺，所以當別人太靠近，他們往往感到緊繃。

不安全依附（焦慮型）：焦慮型的人經常想和另一人融為一體，他們隨時隨地準備快速投入一段關係，因而可能嚇到伴侶。他們時常擔心自己的伴侶不愛自己或是不想在一起，也常常感覺其他人給不了他們在感情中尋尋覓覓的親密。根據基因研究，要是調節血清素製造的基因系統出現改變，一個人就可能有這種行為。

根據鮑比的說法，碰到疲累、恐懼抑或和愛人分開，或是受到冷淡待遇等特殊情境時，就會透露出一個人的依附風格。換句話說，壓力會逼我們展現真實的依附風格。而愛人回來、安撫行為、熟悉環境，通常可以

終結極為強烈的依附反應。根據研究員的說法，成人在親密關係中的依附風格屬於永久性，這可以解釋為何每個人面臨威脅時反應大不相同，卻充滿個人風格。

找出個人的依附風格或許能夠幫你釐清，為何某幾段過往戀情無疾而終，而某幾段則是給你滿滿的安全感而美好。或許你也能從中理解，為何找到一段平衡的新感情這麼困難。

兩個安全型依附的人談起戀愛通常和諧又快樂。意外的是，安全型依附和迴避型或焦慮型的人談戀愛，往往也非常合拍——安全型依附的伴侶更有能力安撫焦慮或迴避型的伴侶。由於安全型依附的人沒有慢性壓力，因此他們的行為舉止並不會觸發焦慮型或迴避型伴侶的防禦機制。

當焦慮型和迴避型的人愛上對方，問題可能就來了。他們的第一場爭執會讓迴避型的人想要逃跑，偏偏對於焦慮型的人來說，這種拋棄行為是最可怕的夢魘，也會因此變得更焦躁不安、深感絕望。迴避型的人無法理解焦慮型的人為何非要親近才能感到平靜，畢竟迴避

型的人非常需要自己的空間。

　　我的猜測是，在一群中年單身人士中，你恐怕只找得到寥寥無幾的安全型依附者，畢竟安全型依附者可以對伴侶長期承諾。至於焦慮型、迴避型的單身人士八成不少，因為他們往往一下子就墜入愛河，最後卻也會恢復單身，而且很快就療傷完畢。迴避型單身人士大概也不少，理由無非是害怕親密關係，他們的約會對象可能不少，卻常在認真談感情前臨陣退縮。

孩子對感情關係的效應

　　研究指出，**不論有沒有孩子，伴侶都很容易在跨過八年門檻後對自己的感情關係不滿**。孩子會帶給我們各式各樣的改變和挑戰，而這可能讓我們的感情滿意度驟降。養育孩子及擔起家長的責任可能是一段感情中最美好的時刻，並進一步凝聚伴侶的心。所以父母在孩子還小的時候，找方法維持新鮮感很重要。

　　研究顯示，對於孩子出生的期待過高且不切實際、解決問題的技能不足，這樣的伴侶碰到的問題最多。孩

子出生前就有憂鬱症傾向的人可能也很難熬，但問題是我們該如何避免這樣的困境？

寶寶出生前有一件事很重要，那就是和伴侶討論生孩子可能對兩人感情帶來哪些改變和挑戰。趁孩子還小的時候，多多坦然溝通、照顧伴侶，都可避免長期積壓怨氣與爆發爭吵。保持健康的生活型態、多多運動，因為良好的生活習慣可讓你更有效地戰勝壓力，也有更多體力去照顧家人。擁有祖父母及其他親戚的良好社交網絡也很重要，和親人相距遙遠的家庭通常壓力最大。

幾份研究顯示，無論有沒有孩子，伴侶在一起的時間越久，性生活就越不活躍。調查顯示，伴侶之間良好的精神連結就是美妙性生活的關鍵。對一段長久關係來說，工作、孩子、疾病、壓力都可能降低伴侶的性生活頻率。儘管如此，性愛似乎會隨著時間越陳越香。至於感情幸福，事實證明性愛品質比頻率來得重要。

當然每個人都有不同的需求和慾望。我為了這本書分頭訪問一對夫妻時，先生告訴我他倆已經不常做愛，太太卻相反，表示兩人的性生活十分活躍。這對夫妻每

週平均做愛兩次，這個例子足以說明性愛是一件很主觀的事，戀愛初期的強烈肉體吸引力及性驅動力契合有助於維繫感情火花。即便如此，不同生活情境引起短暫的荷爾蒙變化，都可能為伴侶的愛情生活帶來挑戰。

有些伴侶能終生保持熱情的感情生活，這是怎麼辦到的？究竟怎麼做才能一輩子維持熱度不滅？一項研究發現，結婚二十年的伴侶似乎比結婚五年的伴侶幸福美滿，我從這項研究的訪談得知，**愛情熱度不滅的祕訣通常是保持幽默感、性愛、共同從事有趣事物，這些要素都能讓我們維持愛情的熱度，或許是因為從事這些活動時，人體會釋放多巴胺。**幽默帶有驚喜元素，驚喜則能增加多巴胺製造，而有趣對話及良性挑戰伴侶也會提升體內的多巴胺，可以拉近你和伴侶之間的距離。

為穩定感情關係加溫

在一段長久的感情關係中，一起進行刺激活動可以維持新鮮感，甚至重燃逝去已久的熱情。即便是探訪家鄉小鎮從未去過的地帶、在那裡找一家新餐廳共進晚餐

等等的小事，都可能提升健康的多巴胺含量，讓你覺得
與伴侶的距離更近。

　　共同揮灑汗水也證實可以增進感情幸福，伴侶在一
起健身後可能會比平常感到更濃的愛意。兩人一起進行
各式各樣的活動計畫，也有助於提升多巴胺，保持愛意
不減。有一對和我很要好的夫妻朋友每隔兩年就會搬一
次家，所以這對夫婦老是在翻新房屋、裝潢、尋覓新公
寓，而這就是讓他們保持愛火不滅的方法。

♡ 社群媒體如何影響愛情

　　鬧鐘響起，你摸索尋找手機、關掉鬧鐘，眼睛都還
沒睜開，你已經登上臉書查看有沒有人為自己昨天上傳
的照片留言。你總共收到十五個讚，忍不住嘴角上揚。
這時，你跳下床，溜進廚房煮咖啡。

　　要是沒有社群網站，早上醒來會是什麼樣的情景？
你會不會翻身滾到伴侶身旁，緊緊貼著他的身體，露出
幸福的微笑？

二〇一五年年初，預估臉書上共有十四億四千萬個活躍帳號，其中一半的用戶每日登入，這意思是：全世界有幾億人每天使用社群媒體張貼照片、認識新朋友、分享個人心情。問題是，這種現象對感情關係的健康有沒有影響？

一份荷蘭研究顯示，**重度使用社群媒體和網路會降低感情關係的幸福感**。相反地，要是人展開一段幸福快樂的愛情，上網時間就會減少。

此外，一份由波士頓和聖地牙哥科學家委託的研究顯示，使用社群媒體會讓戀愛中的伴侶較不快樂，也可能讓兩人之間出現裂痕，提高分手念頭。

但究竟是感情不順的人比較容易對社群媒體上癮，還是重度使用社群媒體會對感情造成直接影響，實在很難說。二〇〇八至二〇一〇年的社群媒體使用率上升，而這也直接反映在同時升高的離婚率，在在顯示經常滑社群網站確實會對感情關係造成負面影響。

根據幾份研究，要是花時間滑社群媒體滑到失控，就會演變成大問題，這種時候社群媒體就可能成為破壞

兩人感情的「第三者」。

我承認自己現在也有點沉迷社群媒體。分析自己為何有這種行為時，我發現比起談戀愛的時期，正值單身的我更熱衷在社群媒體上分享圖文，畢竟獨自一人享受海灘美景或是一頓烹調完美、搭配美味沙拉的牛排，總覺得似乎少了點什麼。沒人可以跟我分享這一刻，美好就少了那麼一點。我們內心深處本來就需要與他人分享生活大小事，而社群媒體就是一種完美管道，讓我們獲得需要的關注、被人接納，進而促進幸福荷爾蒙激增。

智慧型手機帶來多巴胺

你是否注意到，每次手機叮咚作響時實在很難充耳不聞？或者你可能注意到，自己很容易到處閒逛網站，根本忘了一開始想在網路上搜尋什麼？

多巴胺就是導致這些舉止的原因。當我們看見意想不到的新奇事物，就會釋放大量多巴胺。當你聽見手機叮咚作響，通知新訊息送達，很難猜想訊息來自何方，上網時也永遠不知道下一個連結將帶領你前往何處，以

上兩種情境都會引起我們腦中的多巴胺激增。而手機收到訊息時，人體的多巴胺系統反應最為強烈。所以說，一百四十個字元限制的推特訊息具有最令人上癮的完美長度，可說完全不令人意外。

研究證實使用社群網站和網路會縮短人的注意力長度。根據一份研究，二〇〇〇至二〇一三年間，**人的注意力長度從平均十二秒縮短至八秒，這意思是現代人的注意力長度還不如金魚的九秒**。現代人渴望的是更多簡潔有力、快速省時的資訊和娛樂。

我在海邊咖啡廳撰寫這一章時，發現自己不時對鄰桌客人訊息通知叮咚作響的手機有反應。這聲音讓我想到當下設為靜音的手機，內心不禁想著新簡訊和電子郵件肯定已經越積越多。很明顯我的大腦對於這種通知警示音非常敏感。

要是夜間不斷盯著智慧型手機或平板電腦，你和伴侶相處的寶貴時光就會減少，而你也會更難入睡，睡眠品質深受其害。一旦睡眠出問題，就會連帶造成疲倦、壓力、暴躁。這並不單只是理論，兩年前，我觀察自己

的睡眠品質，發現上網會讓我前三個鐘頭睡得不安穩。現在，我試著在睡前只看書，要是某天沒有閱讀的耐心就改聽有聲書，我發現這也是絕佳的助眠妙招，還能改善睡眠品質。非小說類書籍對我來說效果更好，意外地讓我瞬間秒睡。

數位排毒的時間到了？

問問自己以下四個問題：

一、過去幾年使用社群媒體的時間是否增加了？

二、我的伴侶、朋友、孩子或其他人是否指出我是社群媒體的重度使用者？

三、要是目前使用社群媒體的時間確實比以往多，請問這是否影響到個人生活品質或幸福？

四、是否也正在思考應該減少社群媒體的使用時間？

來一場「數位微排毒」對大家也許都有好處！我會幻想一個沒有智慧型手機和平板電腦干擾的假期，重溫電子裝置發明前的生活，讓時間不再無時無刻都被電子裝置綁架。雖然不太可能，但你可以嘗試在每晚睡覺前的一小時關閉電子裝置，就這樣維持一週看看，這樣一來也能空出更多時間。隨著睡眠品質改善，你的壓力指數也會跟著下降。你可能會在短短一週就注意到，這能為自己的感情生活帶來正面影響，甚至連性生活都變得更美妙。

♡ 維持長久關係的好處

維持長久感情關係這麼麻煩，值得嗎？何不聽從內心直覺，隨心所欲更換伴侶？

所有影響心理的要素，最後都會進一步影響健康。朋友、感情關係、寵物、深具意義的工作，這些都是讓我們保持快樂和平衡的元素。長遠幸福來自美好生活，而處於一段良好的感情關係比單身時更容易打造美好生

活，畢竟要在單身時找到真正的幸福是一大挑戰。當你的感情關係恩愛，就可能走到單身時無法抵達的境地。

但另一方面，很多人之所以單身也是自己的選擇，而他們也能在沒有伴侶的情況下過著幸福均衡的人生。全世界身體最健康的女人透露，她的健康祕訣就是遠離男人！要是身處有害的感情關係，最慘的情況恐怕是阻礙心靈成長、破壞健康。感情關係碰到難題、分手或是伴侶辭世，確實都會帶來極大壓力，所以如果你不想冒險，不妨聽聽這位老太太的忠告：珍惜生命，遠離異性！

腦部顯影研究顯示，長久感情關係的愛情濃度最深，甚至可能比剛展開戀愛的熱戀階段濃烈。處於愛情關係中的人也比較沒有心理疾病的風險。至於單身男女，則是有較高機率患上憂鬱症、睡眠問題、焦慮、精神障礙。

在一段長久關係中，伴侶的壓力指數會下降，有伴侶支持的人較有能力面對人生挑戰，而壓力減輕也對血管和腸胃功能、胰島素釋放、身體免疫防禦系統有正面

效益。研究發現，平衡的感情關係能夠減緩疼痛、預防受傷，光是凝視摯愛的照片就具有止痛功效。處於感情關係的人平均較為長壽，也比較重視醫師的建議。不過有一點值得注意，那就是唯獨感情關係良好，對健康才有益處。談一段充滿毒害的感情要承擔不小的壓力，免疫防禦系統也相對脆弱。

　　每一段感情都有自己的問題，為了維繫長久幸福的感情，付出是免不了的。正在談感情的人也許會羨慕單身朋友的自由自在，即使處於感情狀態，偶爾還是會有壓力和爭執，在所難免。但無庸置疑的是，一段長長久久的愛情帶來的健康益處還是比單身來得多，要是感情經營良好更是如此。

　　大自然應該不需要人類畢生都交配繁衍，而幸好我們也不是只任由身體的原始需求擺布，經過進化的大腦皮質和社會環境帶領我們創造出價值觀，並且遵循自我價值觀在人生路上抉擇。然而最重點的一點還是，**經營一段長遠感情始終是兩人共同做出的選擇。**

通往幸福的多條道路

沒有一段感情是完美的，家家有本難唸的經。我們的大腦在熱戀期被各種幸福化學物質淹沒，但這種情況並不持久，隨著愛火逐漸冷卻熄滅，就是你為了自身幸福擔起責任的時候了。如果感情最後以分手收場，你通常就會從其他方面尋覓幸福荷爾蒙。最理想的情況下，你會在尋覓過程中成長，踏上嶄新的人生道路。

創作這本書的時候，我遇到一對相處四十年後依舊為彼此瘋狂的夫妻，也碰到許多幸福美滿的小家庭以及再婚後組成的混合式家庭，還有一個七十五歲被全新戀情沖昏頭的人。在這段期間內，我一直都是單身，卻同樣熱愛生活。

通往愛和幸福的道路並不是只有一條。

為自己的人生創造幸福

「唯有改變恆永久。」——希臘哲學家赫拉克利特（Heraclitus）

聽說觀看日出和日落讓人心情愉快，就算是看不見太陽的陰天，你仍然可以凝望大海。不是所有日落都一樣，大海也總是不斷變化。我坐在岸邊沙灘觀看海浪，每一折波浪都與眾不同，並在沙子上留下獨一無二的印記。大海從不止息，即使表面波瀾不興，海面下卻是暗潮洶湧。我想到神經化學和大海，好奇著腦部化學物質的平衡是怎麼讓原本靜如止水的海面掀起暴風雨，每分每秒都有幾百萬顆分子在流動。有些人的大腦猶如平靜海洋，海浪輕柔拍打，有些人則天生就是暴風襲擊的海面，驚濤駭浪拍打著岸邊，唯獨到了夜晚，海水才平靜無波。

愛情科學研究是否改變了我對愛情的觀感？或許有那麼一點，但我是個無可救藥的浪漫派，相信愛情終究戰勝一切。現在的我也更懂得感激曾經擁有的愛，因為我明白了，發現愛情、墜入愛河真的是一種難能可貴的禮物。

　　那我可以學以致用嗎？未來的我是否更能好好維繫感情？我敢拍胸脯告訴你，這是非常可能的。我認為現在的我更能理解身邊的人和自己的行為，偶爾不小心做出誇張反應後也會自我解嘲，因為我知道一切都是體內的荷爾蒙波動在作祟。

　　我的內心深處還是那個敏感的我，但我也能跳出來客觀觀察自己，更清楚看見自己的弱點和四面埋伏的情緒地雷，但我的多巴胺上癮症仍持續攪亂自己的平衡，再次陷入被情緒牽著走的情境。

　　完成醫學研究所的神經學課程後，我內心冒出一個問題，那就是人類對大腦運作的認識依舊不足，關於不同藥物對腦部的影響，我們也還是懵懵懂懂。十五年過去了，問題還是一樣，當我為了這本書研究愛情科學，

想到這門學科的歷史還很短，就忍不住冒汗。愛情科學最大的挑戰就是個體的獨一無二，這意思是每個人的大腦都是獨特的，並且會不斷地在接觸全新經驗時變化，於是我們很難預測一個人的想法、感受、反應。

理論上來說，我們可以利用科學培養出完美伴侶，也可以從唾液採集 DNA 或是進行大型心理測驗，以理論角度分析兩人是否匹配，但是最終結果如何，我們還是無法確定。兩個碰巧坐在同一張公園長椅的人可能找到彼此，成為靈魂伴侶，基因方面也完美匹配，但時機等其他狀似無足輕重的小事，卻可能拆散這兩個人，導致愛情無法開花結果。

創作這本書時我得出一個結論，那就是：每個人都想要幸福快樂的人生。正如追逐夢想、實踐使命、良好社交網絡、成就感，愛情和親密的感情關係也能為人生增添意義。感情可以幫我們挺過人生困境，而具有意義的工作、家庭、朋友則能在愛情讓你難過心碎時成為你的靠山。愛情何時來敲門、維持多久很難說，但你還有許多可以去做的事，為自己的人生創造幸福。

譬如我是一個多巴胺上癮的人，意思是我相信自己的夢想，也會努力不懈讓美夢成真，而這就是我在現階段幸福快樂的關鍵。而在世界某地，神經化學平衡和我不一樣的某個人則是為了園藝痴狂。至於其他人的幸福關鍵，有可能是藝術或體力活動。活在當下、抱持感恩的心、協助他人、找到更深層的生存意義，也能讓我們的人生更美好。

每個人的幸福處方箋都不同，畢竟每個人的腦部化學結構都是獨一無二。而我希望讀完這本書以後，**你更理解自己的大腦化學運作，知道應該如何在每一天為自己製造幸福荷爾蒙。**

那麼愛情呢？黑巧克力、一場冷水澡、一份深具意義的工作、無私善舉、追逐夢想、美好音樂、定期按摩……這些是否就足以取代我們對於愛情的需求？當然不夠。人類對愛情的需求並非只停留表面，而當愛情找上門，人生其他事情可能就會被踢到一邊。

墜入愛河和談感情需要提起勇氣與信任，愛上一個人就等於給予對方傷害自己的權力，也可能讓自己遍體

鱗傷。但唯獨夠勇敢，你才能獲得真愛，而真愛是人生中最令人覬覦、最多人尋覓的事物。當你的心已經碎了無數回，可能覺得自己再也承受不了更多打擊，或許會開始在內心築起高牆，抵禦任何可能殺出重圍的人，不讓對方靠太近。

不過話說回來，其實你也心知肚明，你的心需要另一顆心，不然可能要寂寞而死。

所以說呢，冒著墜入愛河的風險還是必要的！等到舊愛造成的傷疤逐漸癒合，能夠重新站起來，就是你給愛情一個嶄新機會的時候了。

致謝

謝謝爸媽，我很幸運誕生在一個讓我不用質疑愛是否真正存在的家庭。在人生和愛情讓我舉步維艱時，我萬分感激你們提供的所有支持和安全網。你們讓我看見了祖孫之間的愛是多麼堅定，而且不需要任何條件。

謝謝我睿智堅強又可愛的朋友，謝謝你們帶給我靈感，在身旁支持我，並且與我一起瘋狂，一起接下艱難的新任務。無論愛情是怎麼讓我們瘋狂、撼動我們的世界，我們都可以一起大笑、一起大哭。

謝謝出現在我生命中的所有男人。謝謝你們讓我為愛瘋狂，沒有你們，這本書就不會誕生。

感謝奧塔瓦出版有限公司的團隊，帕依維、瑪莉、琵亞、基爾希、瑪依加。我第一次踏進你們的大門時，就有一種回到家的感覺。你們營造出一個鼓舞人心、充滿安全感的環境，謝謝你們讓我相信我寫得出這本書。

謝謝妳，黎莉亞，妳是愛情帶給我最美妙的禮物。
在這個世界上，媽咪最愛的就是妳。

國家圖書館出版品預行編目資料

為什麼男人想狩獵，女人愛挑選？突破戀愛盲腸
的科學指南，讓神經化學 × 生物演化幫你幸福脫
單！（Crazy for love）／艾蜜莉亞‧沃里薩爾米
（Emilia Vuorisalmi）著、張家綺 譯
– 初版 . -- 臺北市：三采文化，2022.9
面： 公分 . --
ISBN：978-957-658-868-6（平裝）

1.CST: 兩性關係 2.CST: 戀愛 3.CST: 神經生理學
4.CST: 通俗作品

544.7   111009566

◎內頁圖片提供：
s_bukley/ shutterstock/ 達志影像

suncolor
三采文化集團

Mind Map 241

為什麼男人想狩獵，女人愛挑選？
突破戀愛盲腸的科學指南，讓神經科學 × 生物演化幫你幸福脫單！

作者｜艾蜜莉亞‧沃里薩爾米（Emilia Vuorisalmi）　譯者｜張家綺

責任編輯｜戴傳欣　美術主編｜藍秀婷　封面設計｜林奕文　內頁編排｜陳佩君　校對｜黃薇霓

發行人｜張輝明　總編輯長｜曾雅青　發行所｜三采文化股份有限公司
地址｜台北市內湖區瑞光路 513 巷 33 號 8 樓
傳訊｜TEL:8797-1234　FAX:8797-1688　網址｜www.suncolor.com.tw
郵政劃撥｜帳號：14319060　戶名：三采文化股份有限公司
本版發行｜2022 年 9 月 2 日　定價｜NT$380

suncolor